Collège Héraldique de France.

Armorial Général

dressé

en vertu de l'édit de 1696 par

Charles d'Hozier

Juge d'armes de France et Généalogiste

de la Maison du Roy.

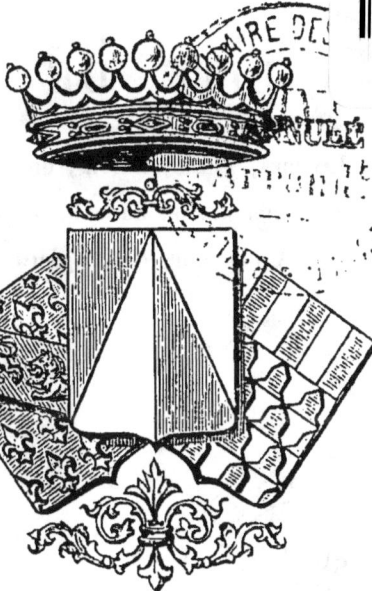

Publié par J. Moreau de Pravieux,

Directeur des Archives de la Noblesse.

R. Tonnot.

ARMORIAL GÉNÉRAL

DE FRANCE

GÉNÉRALITÉ DE LIMOGES

Limoges, Tulle, Brives, en Limosin.

Bourganeuf, dans la Marche.

Angoulême, en Angoumois.

Tiré à :

500 exemplaires sur papier ordinaire.
150   —   sur simili japon.

AVANT-PROPOS

E Royaume de France était divisé, avant la Révolution, en trente-deux gouvernements ou provinces, dont douze gouvernements généraux qui étaient administrés par des intendants.

Ces provinces différaient du reste par l'étendue, la population, et surtout par leur importance particulière. On reste frappé de la choquante inégalité existant entre elles au point de vue financier, les unes étaient complètement affranchies de la gabelle, d'autres au contraire avaient à supporter d'écrasants impôts.

Le Limosin ou Limousin, qui relevait du gouvernement général de Guienne, englobait d'après l'ancienne division territoriale les départements actuels de la Haute-Vienne et de la Corrèze, et avait pour limites :

Au Nord : la Marche,
A l'Est : l'Auvergne,
Au Sud : le Quercy,
A l'Ouest : une partie du Poitou, du Périgord, et de l'Angoumois.

Il se divisait en haut et bas Limosin. Le haut Limosin renfermait Limoges, Saint-Yrieix, Saint-Junien, Chaslus, Saint-Léonard et Pierre-Buffière.

Le Bas-Limosin comprenait Tulle, Brives-la-Gaillarde, Uzerche,

Argentat, Roche-Abeille et plusieurs grands fiefs, entre autres la vicomté de Turenne, la Duché-pairie de Ventadour, celle de Noailles et la seigneurie de Pompadour.

Sans remonter à son antique origine, sans qu'il soit besoin de rappeler ici les nombreuses vicissitudes qu'elle subit à différentes époques de son histoire, la ville de Limoges était autrefois gouvernée par des Vicomtes héréditaires qui l'étaient aussi de la province. Ils portaient « d'or à trois lions d'azur, armés et lampassés de gueules ».

Suivant les chroniqueurs, le premier de ces vicomtes fut Fulcher ou Fulgo *dont on retrouve le nom dans le milieu du* x[e] *siècle. Parmi ses descendants, Françoise, fille de Guillaume de Bretagne, dernier vicomte de Limoges, épousa Alain, sire d'Albret, trisaïeul maternel de Henri IV, dont naquit Jean, Roi de Navarre, père de Henri d'Albret. Ce dernier laissa Jeanne d'Albret, femme de Antoine de Bourbon, père de Henri IV, lequel unit à la Couronne de France, en 1607, la vicomté de Limoges.*

Limoges, résidence de l'Intendant, était le chef-lieu d'une généralité importante qui comprenait, outre la province du Limosin, celle d'Angoumois, à l'exception de la sénéchaussée de Cognac, toute la Basse-Marche, avec une petite partie du gouvernement du Poitou enclavée dans l'élection de Bourganeuf. Tous les pays composant autrefois cette généralité dépendaient de l'Aquitaine.

Eléonor de Guienne porta en dot ce grand état à Henri II, Roi d'Angleterre. Il fut confisqué et réuni à la couronne par jugement des pairs de France en 1200 et 1202. Quarante ans plus tard, Louis IX le rendit à son beau-frère Henri III, roi d'Angleterre, ne se réservant que la partie du Poitou située au nord de la Charente. Charles V, considérant comme nul le traité de Brétigny, reprit aux Anglais ce vaste territoire, qu'ils n'occupèrent plus de nouveau, bien qu'ils soient restés maîtres de la Guienne jusqu'au xve *siècle.*

Limoges, siège d'un présidial, d'une élection du ressort de la cour des aydes de Clermont, d'un bureau des trésoriers de France, et d'un hôtel des monnaies, possédait un évêché suffragant de l'archevêque de Bourges. La généralité avait encore deux autres évêchés, ceux de Tulle et d'Angoulême, quatre présidiaux, trois sénéchaussées royales et cinq élections au point de vue de l'administration civile.

Régie par le droit Romain, la province de Limosin relevait du Parlement de Bordeaux. Dans la capitale résidait un sénéchal d'épée (pour toute la province), qui avait, dans l'étendue de sa charge, les présidiaux de Limoges, Brives et Tulle, ainsi que les quatre sénéchaussées de Limoges, Brives, Tulle et Uzerche.

Les prévôtés étaient Limoges, Solognac, Chalucet, Champagnac, Raivon et Condon. Les principales justices seigneuriales relevant du présidial étaient la Cité, la salle épiscopale, la ville de Saint-Junien, Eymoutiers, Saint-Léonard, Saint-Germain, Benevent, Pierre-Buffière, Escars, Châteauneuf, Lastours, Bonneval, Chalus, d'Aire, Solon, la Porchère, Vic, etc.

Le gouvernement militaire n'avait plus aucune importance depuis la destruction des imposantes et célèbres forteresses d'Ussel et d'Uzerche, dont l'histoire fait mention. Il se composait d'un lieutenant général pour toute la province, et de deux lieutenants du Roi, l'un pour le Haut, l'autre pour le Bas-Limosin.

La province de la Marche, divisée en haute et Basse-Marche, avait pour limites : au Nord le Berry, à l'Est le Bourbonnais, au Sud le Limosin, et à l'Ouest le Poitou. Elle dépendait du gouvernement général du Lyonnais.

Les villes principales du comté de la Marche étaient : Guéret, Le Dorat, Bellegarde, Bourganeuf, Bellac, Crezan, Brosse, etc.

Les villes de Guéret, Bellegarde, Bourganeuf et Bellac étaient chacune le siège d'une élection. Les deux premières relevaient de la généralité de Moulins ; Bourganeuf et Bellac dépendaient de celle de Limoges.

Les armes du comté de la Marche se blasonnaient ainsi : d'azur semé de fleurs de lys sans nombre, à la bande de gueules chargée de trois lionceaux d'argent brochant sur le tout (maison de Bourbon). Les seigneurs de Luzignan avaient été d'abord comtes de la Marche, puis plus tard comtes d'Angoulême.

Ces deux comtés furent unis au domaine royal sous Philippe le Bel. Le comté de la Marche avait été confisqué par Louis XI avec les biens de la famille d'Armagnac, sur Jacques, comte de Nemours et de la Marche, fils puiné de Bernard d'Armagnac auquel Louis XI fit trancher la tête en 1477. Le Roi donna ces terres en apanage à Pierre de Bourbon, sire de Beaujeu, époux d'Anne de France, sa fille.

Confisqué de nouveau en 1527, le comté de la Marche fut réuni définitivement à la couronne de France, en 1531.

La province d'Angoumois en Aquitaine, située entre le Poitou, la Saintonge, le Périgord et le Limosin, formait avec la Saintonge un gouvernement qui ressortissait du parlement de Paris.

Une partie de cette province appartenait à la généralité de Limoges, l'autre dépendait de celle de la Rochelle.

Ithier fut le premier gouverneur de l'Angoumois, où il avait été nommé par Charles le Chauve. Plusieurs siècles après, Gui, fils du Comte Hugues XIII, mort à Poitiers sans postérité en 1307, donna ses terres à Philippe le Bel, et c'est ainsi que le comté d'Angoulême fut réuni à la couronne de France.

Il fut érigé en duché-pairie en 1515 par François I, qui le remit en apanage à Louise de Savoie, sa mère. Il fut octroyé plus tard au même titre à Charles de Valois, fils naturel de Charles IX; enfin par lettres patentes du mois de juin 1710, Louis XIV en fit don à son petit-fils, Charles de France, duc de Berry.

Angoulême, capitale de l'Angoumois, au titre de Duché, avec présidial, sénéchaussée, élection et évêché suffragant de Bordeaux, faisait partie de la généralité de Limoges. On ne s'explique guère cette division administrative, qui englobait alors dans le Limosin la ville principale du département actuel de la Charente, sans y comprendre tout son territoire.

Voici exactement quelles étaient les limites des cinq élections comprises dans le Limosin.

L'élection de Limoges était bornée au Nord par les généralités de Poitiers et de Bourges, au Sud par celle de Bordeaux, à l'Est par l'élection de Bourganeuf et en partie par la généralité de Moulins, à l'Ouest par l'élection d'Angoulême. Elle comptait 15 villes, 36 bourgs, 226 villages, possédant 280 paroisses avec 38,742 feux.

L'élection de Bourganeuf avait pour limites : au Nord la Basse-Marche, au Sud l'élection de Limoges et la généralité de Moulins, à l'Est la généralité de Moulins, à l'Ouest la généralité de Limoges. Elle comptait également 3 villes, 90 villages, 97 paroisses et 3,626 feux.

L'élection de Brives était bornée : au Nord par celle de Limoges, au Sud par les généralités de Bordeaux et Montauban, à l'Est par l'élection de Tulle, à l'Ouest par la généralité de Bordeaux. Elle renfermait 7 villes, 15 bourgs et 80 villages, soit 93 paroisses et 6,973 feux.

L'élection de Tulle était limitée : au Nord par la généralité de Moulins, au Midi par celle de Montauban, à l'Est elle touchait à l'Auvergne et à une partie de l'élection de Brives, à l'Ouest aux élections de Limoges et de Brives. On y comptait 6 villes, 13 bourgs, 149 villages, 168 paroisses, 18,168 feux.

L'élection d'Angoulême avait pour bornes : au Nord la généralité de Poitiers, au Sud le Périgord, à l'Est l'élection de Limoges, à l'Ouest la généralité de la Rochelle. Dépendaient de cette élection, 11 villes, 28 bourgs, 260 villages dans lesquels 269 paroisses avec 36,787 feux. On trouvait au total dans toute l'étendue de la généralité de Limoges : 42 villes principales, 92 bourgs d'une certaine importance, 805 villages, 907 paroisses et 104,296 feux. Les présidiaux étaient au nombre de trois, celui de la capitale du Limosin fondé en 1551 était compris dans le ressort du parlement de Bordeaux.

Le Présidial de Brives, établi en mars 1551, renfermait 140 petites villes, bourgs et paroisses, 8 châtellenies et 50 justices de seigneurs.

Le Présidial de Tulle, créé en 1655, s'étendait sur 140 petites villes, bourgs ou paroisses. Sa principale juridiction était la sénéchaussée d'Uzerche. Parmi les justices seigneuriales les plus considérables on comptait Soudeilles, Saint-Yrieix, Montagnac, Saint-Chamant, Lorignac, etc., etc.

On trouvait enfin, dans cette généralité, 4 sénéchaussées : Limoges, Tulle, Brives et Uzerche.

La noblesse était très nombreuse en Limosin ; on y voyait figurer plusieurs des grands noms de France, et les représentants de familles issues des premiers chevaliers, dont l'ancienneté et les titres nobiliaires étaient indiscutables. Il suffira de citer les d'Aubusson, les Bonneval, les Noailles, les Rochechouart, les Turenne, les d'Abzac, etc.

Aussi est-il peu de pays dont on se soit autant occupé au point de vue nobiliaire. Sans parler des savantes publications archéologiques et héraldiques de M. de Lagarde, du chanoine Arbellot et de bien d'autres, il nous suffira de citer l'abbé Joseph Nadaud, que l'on pourrait appeler le Père de la Science Héraldique dans notre pays, dont les précieux manuscrits sont conservés dans les archives du grand séminaire de Limoges, sous ce titre : Mémoires pour servir à l'Histoire de Limoges. C'est une immense compilation, où l'on trouve d'intéressants détails sur l'origine de nos vieilles familles.

« Nadaud, a dit l'abbé Legros, ramassait tout, bon ou mauvais, intéressant ou non, parce que, selon lui, tout pouvait trouver place dans l'histoire, ou du moins servir à l'éclairer. »

Le curé de Teyjac était né à Limoges, le 13 mars 1712. Il mourut le 5 octobre 1775, après avoir consacré toute son existence à des travaux d'érudition d'une certaine valeur, dont le plus grand nombre n'ont jamais vu le jour.

C'est sous le patronage de la Société archéologique du Limousin que le Nobiliaire du Diocèse et de la généralité de Limoges fut édité par l'abbé Leclerc.

L'ouvrage complet a été publié en 4 vol. in-8°. Le texte de l'auteur, bien que la rédaction n'en soit pas toujours irréprochable, a été scrupuleusement respecté. On s'est borné à rétablir l'ordre alphabétique des noms, pour éviter de longues et oiseuses recherches.

Nadaud, qui recueillait ces documents généalogiques au milieu du xvıııe siècle, n'avait certainement jamais songé à délivrer des certificats de noblesse à toutes les familles qu'il a citées, attendu qu'il *donne le nom d'un très grand nombre de bourgeois qui, du reste, le sont toujours restés.*

Ce qui avait surtout frappé notre laborieux compatriote, ce sont les usurpations qui, en Limousin comme partout ailleurs, avaient atteint des proportions démesurées. Elles s'expliquent du reste d'une façon très admissible. Au XVIᵉ siècle, beaucoup de nobles furent ruinés par les guerres civiles, plus de la moitié des fiefs devinrent la propriété de bourgeois qui, par vanité, n'hésitaient pas à les acquérir même en s'imposant de lourds sacrifices. Il ne leur fut guère difficile d'obtenir d'un tabellion complaisant de faire figurer dans les actes publics le titre d'Ecuyer, à la suite de leur nom roturier. Ils se constituaient ainsi des titres dont plus tard ils devaient invoquer l'authenticité.

Les ordonnances royales de 1600, 1634, 1656, 1661, furent impuissantes à arrêter ces fâcheux empiètements. Les mesures prises pour la recherche des usurpateurs de noblesse avaient eu pour but de mettre les vrais nobles à l'abri des usurpations de noms, et de sauvegarder en même temps les intérêts des contribuables. Ce fut là une opération extrêmement délicate, assez mal effectuée du reste, laquelle n'a rien de commun avec l'armorial entrepris sous le règne de Louis XIV.

L'ordonnance du mois de novembre 1696 créant cet « Armorial « de France et dépôt public des armes et blasons du Royaume » était au fond une mesure fiscale, par le fait même vexatoire, que ne sauraient justifier ni les désastres qui marquèrent la fin du règne du grand Roi, ni la pénurie du trésor. On en peut dire autant des Edits de 1696, 1702, 1711, portant délivrance de lettres de noblesse moyennant finances. L'armorial général, dressé sous la direction de d'Hozier, généalogiste du Roi, comprend 34 volumes in-folio pour les enregistrements, et 35 volumes du même format pour la reproduction des armoiries en couleur. Il embrasse toutes les anciennes généralités de France, et présente une liste de plus de 60,000 noms. L'édit de 1696 qui autorisait les bourgeois des villes franches, les personnes lettrées tenant un rang d'honneur par leur mérite per-

sonnel à porter des armes, prit des proportions imprévues, et dans le vaste Recueil de la Bibliothèque Nationale, plus de la moitié des armoiries appartiennent à des bourgeois ou marchands.

On se heurta partout à de sérieuses difficultés pour l'exécution de l'édit de 1696, un grand nombre de familles refusèrent de s'y soumettre à cause de la grande notoriété du nom qu'elles portaient ; d'autres pour ne pas payer un droit de 20 livres par enregistrement qu'elles regardaient comme vexatoire, refusèrent de faire enregistrer leurs armes.

Et l'on pourrait dresser ici une longue liste de familles, dont l'origine noble ne saurait être un instant mise en doute, qui ne figurent pas dans l'Armorial général *de Charles d'Hozier.*

Après cela, il n'y a point lieu de s'étonner qu'il n'y ait eu que 1618 enregistrements dans la généralité de Limoges. La véritable noblesse du pays n'avait nullement besoin de cette nouvelle sanction pour constater son origine, et tenait surtout à protester contre des mesures qui lui semblaient inacceptables.

L'Armorial de la généralité de Limoges porte le n° XVI de la collection conservée au cabinet des titres de la Bibliothèque nationale; il comprend deux volumes in-folio. Le premier relié en rouge, de 484 pages, est le registre des enregistrements qui eurent lieu, soit à la requête des intéressés, soit d'office. Il est précédé d'une table alphabétique de tous les noms qui y sont mentionnés. Le second volume, de même format relié en vert, contient dans 301 pages les armoiries coloriées au nombre seulement de 1488.

Elles sont disposées par cinq sur chaque page, en face de chacune desquelles se trouve simplement le nom patronymique, suivi de celui de la seigneurie, et des qualités du membre de la famille auquel appartient le blason.

L'ouvrage que nous offrons au monde héraldique a pour but de faciliter les recherches et d'éviter à tous de trop longues pertes de temps ; c'est la copie exacte du premier de ces registres. Le texte en a été scrupuleusement respecté dans la forme comme dans le fond, nous n'avons pas cru devoir nous permettre de faire la plus petite rectification dans l'orthographe des noms primitifs, ou d'apporter le moindre changement au manuscrit original, bien que de nombreuses erreurs se rencontrent fréquemment dans l'attribution des armoiries, qu'un grand nombre de ces noms y soient parfois absolument erronés, et que des personnages d'une même famille y figurent avec des armes qui n'ont aucun rapport. On trouvera à la fin de ce volume une table générale des noms qui y sont contenus, divisée en trois colonnes : la première indique la page où se trouve la famille dont l'on désire connaître exactement le blason ; la seconde renvoie à celle du manuscrit de d'Hozier ; la troisième enfin fait connaître dans le second manuscrit du même généalogiste où sont représentées les armoiries en couleur de la famille à laquelle on s'intéresse.

Enfin, comme complément à ces indications très précises, nous avons dressé une table spéciale des noms de villes, abbayes, corporations, fiefs et lieux divers qui permettra de retrouver rapidement le nom patronymique de n'importe quel personnage.

Disons, en terminant, que ce vaste recensement de la noblesse française, commencé en 1697, fut définitivement clos en 1709 et 1710. L'Armorial général dressé par d'Hozier, dont le caractère est officiel, malgré les imperfections que nous avons signalées, aussi bien pour le Limousin que pour les anciennes provinces de France, est de tous ceux qui existent, le recueil Héraldique le plus étendu, le plus complet et certainement le plus sûr que l'on puisse consulter.

A. DAVID DE SAINT-GEORGES,

Limousin.

Paris, Décembre 1894.

ARMORIAL GÉNÉRAL DE LA FRANCE

RECUEIL OFFICIEL DRESSÉ EN VERTU DE L'ÉDIT DE 1696

GÉNÉRALITÉ DE LIMOGES

ESTAT DES ARMOIRIES

DES PERSONNES ET COMMUNAUTEZ DÉNOMMÉES CY-APRÈS ENVOYÉES AUX BUREAUX ESTABLIS PAR
Mᵉ ADRIEN VANIER, CHARGÉ DE L'EXÉCUTION DE L'ÉDIT DU MOIS DE NOVEMBRE DERNIER, POUR
ESTRE PRÉSENTÉES A NOSSEIGNEURS LES COMMISSAIRES GÉNÉRAUX DU CONSEIL, DÉPUTEZ PAR
SA MAJESTÉ, PAR ARRESTS DES QUATRE DÉCEMBRE MIL SIX CENS QUATRE-VINGT-SEIZE ET VINGT-
TROIS JANVIER MIL SIX CENT QUATRE-VINGT-DIX-SEPT.

BUREAU DE LIMOGES

SUIVANT L'ORDRE DU REGISTRE

1.

Sommes receues
20 l. — Jean-Baptiste DE JUMILHAC, chevalier seigneur de Saint-
Jean et autres lieux,

Porte écartelé au premier d'azur à une église ou chapelle d'or avec son clocher ou
aiguille de même, au second d'argent à un lion de gueules couronné de même ; au
troisiᵉ d'azur à trois faces d'or et une bande de même brochant sur le tout et au qua-
triesme d'argent à une bande de gueules chargée d'une rose d'or en cœur et de deux
roues roses de même aux extrémités de la bande.

2.

20 l. — Antoine PHÉLIPEAUX, sieur du Fresnoy, receveur des tailles,
à Limoges,

Porte d'azur semé de quarte-feuilles d'or à un franc quartier d'hermines écartelé
d'argent, à trois lézards de sinople posés en pal deux et un.

1

3.

20 l. — Angélique-Nicole Testart, femme dudit sieur Dufresnoy,

Porte d'or à une montagne de sinople et accompagnée en chef de deux estoiles d'azur.

4 et 5.

A expliquer plus amplement.

6.

20 l. — Jean-Michel de Périère, conseiller du Roy, président au siège présidial de Limoges,

Porte d'argent à un arbre de sinople sur une terrasse de même soutenu de deux lyons affrontés de gueules.

7.

20 l. — Jean de Périère, prêtre chantre du chapitre de l'église collégiale de Saint-Martial,

Porte de même.

8 et 9.

A expliquer plus amplement.

10.

20 l. — Martial Maledent, escuyer, seig^r de la Borie, conseiller du Roy, président trésorier général de France, à Limoges,

Porte d'azur à trois lyons passans l'un sur l'autre d'or lampassez d'argent.

11.

20 l. — Pierre Maledent d'Hardy, escuyer, seigneur du Puitison, conse^{er} du roy, président trésorier général de France, à Limoges,

Porte d'azur à trois lyons d'or léopardez ou passant l'un sur l'autre d'or party aussy d'azur à un aigle d'argent.

12.

20 l. — Jean Léonard, escuyer, seigneur de Fressanges, con^{er} du Roy, président trésorier général de France, à Limoges,

Porte d'or à une plante de nard de sinople fleurie d'argent posée en pal, sommée d'un croissant de gueules et accostée de deux lyons affrontez de sable.

13 et 14.

A expliquer plus amplement.

15.

20 l. — Michel DE VERTAMON, chantre de l'église cathédrale de Limoges,

Porte de gueules à un lyon passant d'or, au second et troisième à cinq pointes d'or equipolez à quatre d'azur, et au quatrième de gueules.

16.

20 l. — Michel DE VERTAMON, escuyer et trésorier général de France,

Porte de même.

17 et 18.

A expliquer plus amplement.

19.

20 l. — Jean-Baptiste VINCENT, écuyer, seigneur de Thède, conseiller du roy en ses conseils, lieutenant général civil et de police de la sénéchaussée du Limousin et siège présidial de Limoges, président en l'hostel de ladite ville,

Porte d'azur à un aigle d'or la tête contournée.

20.

20 l. — Mathurin MOREL, escuyer, seigneur de Fromental, trésorier de France, à Limoges,

Porte d'azur à un chevron d'or accompagné de trois estoiles à six raies d'argent, celles de la pointe soutenues d'un croissant de même.

21.

25 l. — L'église collégiale de Saint-Estienne d'Esmoutiers,

Porte d'azur à un saint Estienne revestu d'une aube d'argent et d'une dalmatique d'or, tenant une palme de même à la main droite.

22.

20 l. — Claude SEGURET, prêtre prévost du chapitre d'Emoutiers,

Porte d'azur à une tour d'argent accompagnée de trois estoilles d'or rangées en chef écartelé d'azur à un chevron d'or accompagné en chef de deux mollettes d'argent et en pointe d'un lyon d'or.

23.

· 20 l. — Antoine Goudin, escuyer, conseiller du roy, président trésorier général de France, à Limoges,

Porte d'argent à un chevron de gueules accomp⁴ en chef de deux corneilles affrontées de sable et en pointe d'une nef équipée de même, voguant sur une mer d'azur.

24.

A expliquer plus amplement.

25.

20 l. — Léonard Limouzin, escuyer, greffier en chef au bureau des finances et chambre des domaines de la généralité de Limoges,

Porte d'azur à un chevron d'or accompagné en chef de deux croisettes d'argent et en pointe d'un vase de même duquel sortent trois lis aussy d'argent.

26.

20 l. — Martial Moulinier, seigneur de Puymand, conseiller du roy, juge et prévost royal de Limoges,

Porte d'azur à un moulin à vent d'argent, ouvert, ajouré et massonné de sable.

27.

25 l. — La communauté des prestres de l'oratoire de la ville de Limoges,

Porte d'azur à ces deux mots écrits de lettres d'or *Jésus Maria* l'un sur l'autre et enfermés dans une couronne d'épines de sable.

28.

20 l. — .... Ve.... Vessière, marchand drapier et de soye, à Limoges,

Porte d'azur à un navire équipé d'argent, et une bordure de gueules, chargée de huit losanges d'or.

29.

20 l. — Louis de Saint-Georges, chevalier, seigneur de Nieul et de Marié,

Porte d'argent à une croix de gueules, écartelé aussy d'argent à trois fasces ondées de gueules.

30.

20 l. — Jean Roger DES ESSARS, conseiller du Roy au présidial de Limoges,

Porte d'argent à une bande d'azur accompagnée de six roses de gueules posées en orle.

31.

20 l. — Jean DU CLOU,

Porte d'azur à un chevron d'or, surmonté d'un croissant d'argent, et accompagné de trois clouds de même.

32.

20 l. — André LAUDIN, ancien conseiller audit présidial,

Porte d'azur, à trois lyons léopardez d'or l'un sur l'autre.

33.

20 l. — Jean CHAUD, écuyer, seigneur de la Chassaigne et du Doygnon,

Porte d'azur, à un chevron d'or, accompagné en chef de deux estoilles de même, et en pointe d'un trèfle aussi d'or, soutenu d'un croissant d'argent posé sur des flames de même.

34.

20 l. — Jacques CHAUD, seigneur de la Meneireix, coner advocat et procureur du Roy en la sénéchaussée et siège royal de la Basse Marche au Dorat,

Porte de même.

35.

20 l. — Pierre FAUTE, conseiller du Roy, controlleur des décimes au diocèze de Limoges,

Porte d'azur, à un lyon d'or sur une terrasse de sinople et passant derrière un arbre de même fourché de deux branches que le lyon embrasse de sa queue en devant, et la repasse par derrière.

36.

20 l. — Simon FAUTE, marchand de la ville de Limoges,

Porte de même.

37.

20 l. — Jacques DE PÉTIOT, conseiller du Roy, assesseur au présidial de Limoges,

Porte de sinople à un chevron d'argent accompagné de trois estoiles de même, et un chef cousu de gueules chargé de trois oiseaux d'argent.

38.

20 l. — ... Dupin, sieur de Maison Neuve, escuyer,

Porte d'argent, à trois bourdons de gueules posés en pal.

39.

20 l. — ... Vaulondais, écuyer, sieur de Voyrat,

Porte d'azur, à un chevron d'or, accompagné en chef de deux mains de même, le long doit et les pouces allongés, et les autres pliez, et en pointe une estoile aussy d'or au-dessus d'une rivière ondée d'argent.

40.

25 l. — Les Jésuites du colège de Limoges,

Porte d'azur à un nom de Jésus d'or entouré de rayons de même en forme de bordure en ovale.

41.

20 l. — Antoine Renaudin, escuyer, seigneur de Puymège, conseiller du Roy, président trésorier de France, à Limoges,

Porte d'azur, à une foy posée en face, d'argent, vêtue de même accompagnée en chef de deux étoiles d'or et en pointe d'un croissant de même.

42.

20 l. — Jean Marchandon, conseiller du Roy, receveur des épices au bureau des finances, à Limoges,

Porte d'or, à un arbre de sinople sur une terrasse de même, et un chef d'azur chargé de trois estoiles d'or.

43.

20 l. — Jean-Baptiste Romanet, marchand bourgeois, à Limoges,

Porte d'or, à un chevron de gueule accompagné de trois palmes de sinople, celle de la pointe posée en pal.

44.

20 l. — Gabriel Farne, l'aisné, marchand de Limoges,

Porte d'azur à un arbre de sinople accosté d'un G à dextre, et d'un F à senestre d'or, et une bordure de même.

45.

20 l. Jean Fromant, le jeune,

Porte d'azur, à un chevron d'or accompagné de trois espis de bled de même.

46.

20 l. — Jean Fromant, l'aisné,

Porte de même.

47.

A expliquer plus amplement,

48.

20 l. — Guillaume Constant, conseiller du Roy au présidial de Limoges,

Porte d'azur, à un chevron d'or, accompagné en chef de deux estoiles, et en pointe d'une palme posée en pal soutenue d'un croissant aussy d'or.

49.

20 l. — Léonard Constant, conseiller du Roy audit présidial,

Porte de même.

50.

20 l. — Elisabeth d'Aubusson de la Feuillade, abbesse de la reigle de la cité de Limoges,

Porte d'or, à une croix ancrée de gueules.

51.

25 l. — Le couvent des carmélites de Limoges,

Porte de sable, chappé d'argent, la pointe de sable terminée en croix patée en chef accompagné de trois estoiles à huit rais posées deux en chef et une en pointe de l'une en l'autre.

52.

20 l. — Grégoire Benoist, greffier en la chancellerie et marchand à Limoges,

Porte d'azur, à un chevron d'or accompagné de trois mains de même, les deux derniers doits pliés, et les autres droits.

53.

20 l. — Martial Maledent, ancien chanoine de la cathédrale de Limoges,

Porte d'azur, à trois lyons d'or léopardez et passans l'un sur l'autre.

54.

20 l. — François du Rousseau, advocat,

Porte d'azur à trois estoiles d'argent en chef, deux roses de même en face et une tour ouverte et crenelée aussy d'argent massonnée de sable et posée en pointe.

55.

20 l. — Jean-François Martin, chevalier, seigneur de la Bastide, président trésorier de France, à Limoges,

Porte d'azur, à une tour d'argent, ouverte et massonnée de sable, écartelé de gueules à une face d'or.

56.

20 l. — Le couvent de la visitation de Limoges,

Porte d'or, à un cœur de gueules percé de deux flèches d'or empennées d'argent passées en sautoir, le cœur chargé d'un nom de Jésus d'or, et une croix de sable fichée dans l'oreille du cœur, le tout enfermé dans une couronne d'épines de sinople ensanglantées de gueules.

57.

25 l. — Le grand couvent de Saint-Clair de Limoges,

Porte d'azur, à une sainte Claire de carnation vêtue de sable tenant de sa dextre un soleil ou custode du Saint-Sacrement, et de la senestre, une crosse, le tout d'argent.

58.

20 l. — Denis des Champs, juge de la ville de Chasle,

Porte d'azur, à un chevron d'or, accompagné de trois estoiles de même.

59.

20 l. — Estienne de Chavaille, doyen de l'église cathédrale de Limoges,

Porte d'azur, à une étoile d'argent accompagnée de trois cœurs d'or, écartelé de gueules à un lyon d'argent, couronné d'or, accompagné de treize besans posés en bordure aussy d'argent.

60.

20 l. — Antoine Boutinaud, chanoine le ladite églize,

Porte d'azur, à deux mains de carnation parées d'argent tenant une bague d'or, avec son chaton garni d'un rubis, posée en cœur, accompagnées de trois estoiles d'argent rangées en sable.

61.

20 l. — Pierre Dumas, chanoine de l'église cathédrale de Limoges,

Porte de sable, à un mat de navire posé en pal d'or.

62.

A expliquer plus amplement.

63.

20 l. — Pierre Petiot, escuyer, conseiller du Roy, président trésorier de France, à Limoges,

Porte d'azur à un chevron d'or accompagné de trois pigeons d'argent, et un chef de gueules chargé de trois estoiles d'or.

64.

20 l. — Pierre du Peyrat, escuyer,

Porte d'azur, à un château d'or, sommé de trois tours de même massonnées de sable.

65.

25 l. — Le couvent de Saint-Joseph de la Providence de Limoges,

Porte d'azur, à un Saint Joseph tenant un petit Jésus par la main, le tout d'argent.

66.

20 l. Jean Eschaupre, marchand drapier,

Porte d'argent à une plante de tournesol de sinople sur une terrasse fleurie et boutonnée d'or, surmontée d'un soleil de même, acosté de deux lettres A et B.

67.

20 l. — François Bouverye, marchand,

Porte d'or, à un arbre de sinople sur une terrasse de sable, et au serpent de gueules tortillé autour acosté de deux lettres F et B de sable.

68.

20 l. — François Pichon, marchand,

Porte d'azur, à un pigeon d'argent accosté d'un F et d'un P de même.

69.

20 l. — Antoine MALAVERGNE, sieur de Masdoumier, ayde major de la ville de Limoges,

Porte d'or, à un arbre de sinople sur une terrasse de même, et soutenu de deux lions affrontés de gueules.

70.

20 l. — Jean BALIOT, con^{er} du Roy au présidial de Limoges,

Porte d'azur à une face en devise d'argent accompagnée en chef de trois estoiles rangées d'or; et en pointe de trois billots ou bâtons écotés d'or posés en pal 2 et un.

71.

20 l. — Antoine SEGOUD, de Limoges,

Porte d'argent, à un arbre de sable passant par la pointe, et sortant par l'oreille d'un cœur de gueules.

72.

A expliquer plus amplement.

73.

20 l. — Catherine BALIOT, veuve de Pierre DE PETIOT, sieur de Chavagnac,

Porte d'azur, à un chevron d'or accompagné de trois pigeons d'argent.

74.

20 l. — Nicolas GARAT, con^{er} du Roy, comm^{re} en la mareschaussée de Limouzin,

Porte d'azur, à un chevron d'or, accompagné de trois estoiles de même.

75.

20 l. — Léonard DU BOIS, sieur du Vert,

Porte d'or, à un arbre de sinople, et une bordure de gueules, chargée de huit boucles d'argent.

76.

20 l. — Jean CIBOT, marchand,

Porte d'azur, à deux coupes de calice ou de ciboire d'or, posées en chef, et une autre de même posée en pointe, accosté d'un H et d'un C d'argent.

77.

20 l. — André Roche, bourgeois de Saint-Vincent,

(probablement une erreur, il faut lire Saint-Junien).

Porte d'argent, à un rocher de sable, surmonté d'un A et d'un R de même.

78.

20 l. — Jacques-Estienne du Queyrois, bourgeois de Saint-Vincent,

(même observation que ci-dessus, n° 77.

Porte d'azur, à deux triangles entrelassez d'or en forme d'étoile, accompagnés en chef de deux étoiles de même, et en cœur, d'un croissant d'argent.

79.

20 l. — Guy des Flotes, advocat,

Porte d'azur, à un chevron d'or accompagné en chef de deux houppes du même, et en pointe d'un navire d'or équipé d'argent, voguant sur une mer de même et un chef cousu de gueules chargé de trois étoiles d'argent.

80.

20 l. — Joseph Maledent, bourgeois de Limoges,

Porte d'azur à trois lyons leopardez ou passants l'un sur l'autre d'or.

81.

25 l. — Le petit couvent de Sainte-Claire de Limoges,

Porte d'azur, à une sainte Claire d'or, tenant de sa droite le Saint-Sacrement, et de sa gauche une crosse de même.

82.

20 l. — Jean Deschamps, conseiller du Roy, et assesseur à l'hôtel de ville de Limoges,

Porte d'or, à un chien de sable ; écartelé d'argent à deux faces ondées d'azur.

83.

20 l. — Jean Moulinier, marchand épicier, à Limoges,

Porte d'azur, à un moulin à vent d'argent massoné de sable, acosté d'un J et d'un M d'or.

RÉCAPITULATION

Armoiries des Personnes	63 à 20 l.	1260 l.
Eglise collégiale	1 à	25
Communauté	1 à	25
Collège	1 à	25
Couvents	5 à 25 l.	125 l.
		1460 l.

Total quatorze cent soixante livres et les deux sols pour livres.

Présenté par ledit Vanier à nosseigneurs les commissaires généraux du conseil à ce qu'il leur plaise recevoir lesdits armoiries et ordonner qu'elles seront enregistrées à l'armorial général conformément audit édit et arrests rendus en conséquence.

Fait à Paris, le 13ᵉ jour de novembre mil six cent quatre-vingt-dix-sept. Signé : Aicault, l'un des cautions de Vanier.

Les commissaires généraux députés par le Roy par arrest du conseil du quatre décembre 1696 et 29 janvier 1697 pour l'exécution de l'édit du mois de novembre précédent sur le fait des armoiries. Veu l'état cy-dessus des armoiries envoyées au bureau etably à Limoges en exécution de l'édit du mois de novembre 1696 à nous présenté par M. Adrien Vanier, chargé de l'exécution dudit édit à ce qu'il nous plaise ordonner que les armoiries expliquées audit état seront reçues et ensuite enregistrées à l'armorial général les feuilles jointes audit état contenant l'empreinte ou l'explication desdites armoiries notre ordonnance du 13 de ce mois portant que ledit état et les feuilles seraient monstrées au procureur général de Sa Majesté, conclusions dudit sieur procureur général ou sur le rapport du sieur de Breteuil, conseiller ordinaire du Roy en son conseil d'état, intendant des finances, l'un desdits commissaires.

Nous commissaire susdit en vertu du pouvoir à nous donné par Sa Majesté avons receues et recevons les *soixante onze armotries* mentionnées audit état et en conséquence ordonne qu'elles seront enregistrées, peintes et blasonnées à l'armorial général et les brevets d'ycelles délivrés conformément audit édit et arrests rendus en conséquence et à cet effet les feuilles des armoiries jointes audit état et une expédition de la présente ordonnance seront remises au sieur d'Hozier, conseiller du Roy et garde dudit armorial général sauf à être cy après pourveu à la réception des armoiries qui se trouvent surcizes par quelques art. de cet état. Fait en l'assemblée desdits sieurs commissaires tenue à Paris le vendredy trente uniesme jour de janvier 9bje quatre-vingt-dix-huit.

Signé : SENDRAS.

Nous soussigné intéressés au traitté des armoiries nommé par délibération du 29 août 1698 pour retirer les brevets des armoiries reconnaissons que Monsieur d'Hozier nous a ce jourdhuy remis aux mentionnez au présent état au nombre de soixante onze armoiries, la somme desquelles montant à *quatorze cent soixante livres*, promettons payer au trésor royal conformément au traitté que nous en avons fait avec Sa Majesté.

Fait à Paris, ce troisième jour d'avril mil six cent quatre-vingt-dix huit.

Signé : CARQUEVILLE.

Les pages 27, 28, 29, 30, 31, 32, 33, 34, 35 et 36 du Manuscrit de l'armorial général (Limousin, tome XVI) sont blanches. A la page 37 recommence le texte qui suit.

186 armoiries pour 279 livres.
185 brevets.

¥9 Août 1698

—

GÉNÉRALITÉ de LIMOGES

—

ANGOULÈME

—

vingt-huitième jour de
septembre 1698

Bon.

Signé : SAUVIN

ETAT DES ARMOIRIES

·

DES PERSONNES ET COMMUNAUTEZ CY-APRÈS DÉNOMMÉES, ENVOYÉES AUX BUREAUX ÉTABLIS PAR M. ADRIEN VANIER CHARGÉ DE L'EXÉCUTION DE L'ÉDIT DU MOIS DE NOVEMBRE 1696, POUR ESTRE PRÉSENTÉES A NOSSEIGNEURS LES COMMISSAIRES GÉNÉRAUX DU CONSEIL ET DÉPUTEX PAR SA MAJESTÉ PAR ARREST DES QUATRE DÉCEMBRE AU DI AN ET VINGT-TROIS JANVIER 1697.

GÉNÉRALITÉ DE LIMOGES

ANGOULESME

SUIVANT L'ORDRE DU REGISTRE 1er

1.

Somme: receues

20 l. — Philippe DE GENTIL DE LANGALLERIE, chevalier, seigneur de la Mothe Charruse, Toune et Bouthomme, Biron et autres places, brigadier général de cavalerie, mestre de camp d'un régiment de son nom, lieutenant du Roy et premier baron de la province de Saintonge,

Porte d'azur, à un chevron d or accompagné de trois roues de Sainte Catherine de même deux en chef et une en pointe et une épée d'argent posée en pal brochant sur le chevron.

2.

20 l. — Elie DES RUAUX, escuier, sieur de Moussac et Dubreuil,

Porte de sable, semé d'étoiles d'or et un cheval se cabrant, d'argent, sur le tout.

3.

20 l. — Louis REGNAULD,

Porte d'argent, à deux faces de sable, accompagnées de six molettes de même posées trois deux et une.

4, 5, 6.

A expliquer plus amplement.

7.

20 l. — Estienne CHEVADE, escuier, conseiller du Roy, lieutenant général d'Angoulmois et maire perpétuel d'Angoulesme,

Porte d'azur, à trois losanges d'or 2 et 1.

(En marge du manuscrit avec renvoi paraphé).

8.

20 l. — Louis LUILLIER, escuier,

Porte d'argent et de gueules, à un lion couronné de l'un en l'autre, accompagné de trois molettes de sable, deux en chef et une en pointe.

9.

20 l. — Antoine BOISSON, escuier, sieur de Lussat,

Porte d'or, à trois arbres de sapin de sinople rangez sur une terrasse de même.

10.

20 l. — Jean ARNAULD, escuier, seigneur de Bouix et du Meray, conseiller du Roy, lieutenant particulier en la sénéchaussée et siège présidial d'Angoumois,

Porte d'azur, à un croissant d'argent surmonté d'une étoile d'or.

11.

20 l. — Jean PAUTTE, escuier, seigneur de Riffaux, conseiller du Roy, maistre particulier des eaux et forests d'Angoumois,

Porte d'argent, à un chevron de gueules accompagné de trois membres de griffon de même, deux en chef et un en pointe.

12.

20 l. — Jean BIROC, escuyer, seigneur de Brouézeddes,

Porte d'argent, à une bande d'azur, chargée de trois roses d'or, accompagnée en chef d'une serre d'oiseau de sable, onglée de gueules, et en pointe d'une molette de sable.

13.

. 20 l. — René d'ANDIGNÉ,

Porte d'argent, à trois aigles de gueules, bequez et onglez d'azur posez deux et un.

14 et 15.

A expliquer plus amplement.

16.

20 l. — Isac DANCHÉ, escuier, sieur de Besse,

Porte d'argent, à un lion de sable, lampassé et couronné de gueules.

17.

20 l. — Samuel PASTOUREAU, escuier, sieur de Bouviale,

Porte d'azur, à un chevron d'argent chargé de sept aiglons de sable, et accompagné en pointe d'une gerbe d'or.

18.

20 l. — René DE LUISNE, escuier, sieur de la Mothe Saint-Genis,

Porte d'argent, à une face de sable frétée d'or accompagné de trois étoiles de sable deux en chef et une en pointe.

19.

20 l. — François DE SALAGNAC, escuier, sieur de Lamothe Fenelon,

Porte d'or, à trois bandes de sinople.

20.

20 l. — François GUY, chevalier, seigneur de Puyrobert*, Argens et autres lieux, lieutenant colonel au régiment royal Roussillon,

Porte d'argent, à trois fermeaux de gueules deux et un, et un chef d'azur.

  * Chapuier (renvoi paraphé).

21.

20 l. — François AVRIL, escuyer, seigneur de Roctier,

Porte d'argent, à un arbre de sinople, terrassé de même et un chef d'azur chargé de trois étoiles d'or.

22.

20 l. — Elie DE SAINT-HERMINE, chevalier, seigneur du Fa et de Sainte-Hermine,

Porte d'hermines.

23.

20 l. — François DE MALLERET, escuier, sieur de Sanisac de Ruperé,

Porte d'azur, à un mouton d'or paissant.

24.

20 l. — Charles-Cezard DEXMIER, escuier, seigneur de Chenon,

Porte d'argent, à une fleur de lis d'azur, écartelé d'azur à une fleur de lis d'argent.

25, 26.

A expliquer plus amplement.

27.

20 l. — Louis ROCHON, escuier, sieur de Puicheuz,

Porte de gueules à une face d'or accompagnée de trois turbans ou bonnets à la turque d'argent deux en chef et l'autre en pointe.

28.

20 l. — François-Marie DE CERIS, escuier, sieur de Sanersac,

Porte d'azur, à une croix alaizée d'argent.

29.

20 l. — Jacques D'ABZAC, escuier, seigneur de Pressac,

Porte de gueules, à trois léopards d'argent l'un sur l'autre, arméz et lampasséz de gueules.

30.

20 l. — Henry DE FORGUES DE LAVEDAN, escuier, baron de Laroche-Audry,

Porte d'argent, à trois corbeaux de sable deux et un.

31.

20 l. — Louis DE SAINT-HERMINE, escuier, seigneur de Chenon,

Porte de même.

32.

20 l. — Philippe DE GORET, escuier, sieur de la Martinière,

Porte d'argent, à une face de gueules, accompagnée de trois hures de sanglier de sable, deux en chef et une en pointe.

33.

20 l. — François DE VILLANTRAU, écuyer,

Porte d'azur, à un chevron d'or accompagné en chef de deux étoiles et en pointe d'un croissant soutenu d'une rose, de même.

34.

20 l. — François PREVERAUD, escuier, seign⟶ Deldefaux, conseiller du Roy, président en l'élection d'Angoulesme,

Porte d'azur, à un chevron d'or accompagné de trois grenades tigées et feuillées de même deux en chef et une en pointe.

35.

20 l. — François DE L'ESTOILE, juge sénéchal de Blauzac,

Porte d'azur, à deux palmes d'or mouvantes d'un croissant d'argent, le tout surmonté d'une étoile aussi d'argent.

36.

20 l. — Alphie GOULLARD, chevalier, seigneur de la Mothe, Daunille et autres places,

Porte d'azur à un lion d'or couronné lampassé et armé de gueules.

· 37, 38.

A expliquer plus amplement.

39.

20 l. — Pierre ARNAULT, conseiller au présidial d'Angoumois,

Porte d'azur, à un croissant d'argent surmonté d'une étoile d'or.

40.

20 l. — Feu François LAMBERT, escuier, sieur des Andraux, suivant la déclaration de Marguerite CASTIN, sa veuve,

Portait d'azur, à un fenix s'essorant sur son bûcher, et regardant un soleil, le tout d'or.

41.

20 l. — Guillaume LAMBERT, écuier, seigneur de Rochefort,

Porte de même.

42.

20 l. — François LAMBERT, écuier, seigneur de Fonfrète,

Porte de même.

43.

20 l. — Françoise PAUTTE, veuve de David DE LA PORTE,

Porte d'argent, à un chevron de gueules accompagné de trois membres de griffon de même, deux en chef et un en pointe.

44.

20 l. — Gabrielle MARTIN, veuve de Jean BALUE, escuier,

Porte d'azur, à quatre croissants d'argent posés trois et un, et un oiseau de sinople sur le dernier.

45.

20 l. — Pierre DE MONTALEMBERT, escuyer, seigneur de Vaux,

Porte d'argent, à une croix ancrée de sable.

46.

20 l. — Jacques DE LIVENNE, escuier, sieur dudit lieu,

Porte d'argent, à une face de sable frétée d'or accompagnée de trois étoiles de sable, deux en chef et une en pointe.

47.

Charles-Bernard DE BARBEZIÈRES, escuier, chanoine de l'église cathédrale d'Angoulesme,

Porte d'argent, à une face de trois fusées et de deux deniers de gueules.

48.

A expliquer plus amplement.

49.

20 l. — Feu Pascal BIROT, suivant la déclaration de Marie JAMEN, sa veuve,

Portait d'argent, à une bande d'azur chargée de trois roses d'or et accompagnée en chef d'une serre ou griffe d'oiseau de sable onglée de gueules et en pointe d'une molette de sable.

50.

20 l. — N... DE GALARD, escuier, seigneur de Blanzaguet,

Porte d'or, à trois molettes de gueules, deux et une.

51.

A expliquer plus amplement.

52.

20 l. — Ciprien-Gabriel BENARD DE ROZAY, evesque d'Angoulesme.

Porte d'argent, à deux fasces ondées d'azur, et un chef de sable chargé de trois chevaliers d'eshets d'or.

53.

A expliquer plus amplement.

54.

20 l. — Geoffroy DE VHILLOUX, escuier, sieur de Fontenelles,

Porte d'azur, à une croix d'argent.

55.

20 l. — Pierre DESBORDES, escuier, sieur de Berquillas,

Porte d'azur, à un chevron d'or, accompagné de trois arrestes de poisson posées en pal deux en chef et une en pointe.

56.

20 l. — Claude DE GUEZ, escuier, seigneur de Balzac,

Porte de gueules, à deux bandes d'or.

57, 58.

A expliquer plus amplement.

59.

20 l. — Pierre DE LA LOUBIÈRE, escuyer, seigneur de la Garance,

Porte d'azur, à un loup ravissant d'or lampassé de gueules.

60.

20 l. — N... DEMARTIN DE CHATEAUROY, escuier, seigneur dudit lieu,

Porte d'azur à deux picques passées en sautoir d'argent, ferrées d'or.

61.

A expliquer plus amplement.

62.

20 l. — Feu Jean DE MARTIN, escuier, sieur de Chateauroy suivant la déclaration de Jeanne DE RESSIGNIER, sa veuve,

Portait de même que cy-devant art. 60.

63.

20 l. — Jean DE LA LAURENCIE, escuier, seigneur de Charras,

Porte d'argent, à un aigle à deux testes de sable.

64.

20 l. — N... DE SAINT-GERMAIN, escuier, seigneur dudit lieu,
Porte lozangé d'azur et d'or.

65.

20 l. — Andrée DE BERCENETTE,
Porte d'azur, à trois cignes d'argent deux et un.

66.

A expliquer plus amplement.

67.

20 l. — Christophle MAUNY, escuier de la Barre,
Porte d'argent, à un croissant de gueules surmonté d'un lambel d'azur.

68.

20 l. — N... DE LA LUTARDYE,
Porte d'argent, à un chevron d'azur chargé d'une étoile d'argent et accompagné de trois hures de sanglier de sable, deux en chef et une en pointe, et un chef d'azur chargé d'une levrette d'argent.

69.

20 l. — N. DE CHADENNES,
Porte d'azur, à un levrier d'argent.

69 bis simple.

20 l. — Antoine RACAULT, s. de Langerie,
Porte d'azur, à trois molettes d'or deux en chef et une en pointe, et un croissant de même posé en cœur.

70.

20 l. — Bernard DE SAINT-MICHEL.
Porte d'argent, à un pin de sinople, surmonté de trois moucheturos d'hermine de sable, et soutenu d'un croissant de sinople.

71.

A expliquer plus amplement.

72.

20 l. — N... DE LIZIGNAT, veuve a porté l'armoirie qui,
Porte d'azur, à un pal d'argent chargé de trois moucheturos d'hermine de sable.

73, 74, 75.

A expliquer plus amplement.

76.

20 l. — Jean THOMAS, escuier, s. de Bardine, conseiller du Roy au présidial d'Angoulesme,

Porte d'or, à un cœur de gueules surmonté d'une étoile d'azur et soutenu d'une croix de même.

77.

20 l. — Louis BOISSEAU, escuier, sieur de Puyrenault et de Vouillac,

Porte lozangé d'argent et de gueules au franc quartier d'hermines.

78, 79, 80.

A expliquer plus amplement.

81.

20 l. — Jean-Louis Guitton, escuier, sieur de Tranchard,

Porte d'or, à une souche d'arbre arrachée de sinople sur une terrasse de même, poussant du côté dextre une branche vive, de même dont un rameau tournant à senestre est chargée d'une mouche ou taon de sable, au chef d'azur chargé de trois roses d'argent.

82.

20 l. — Jacques DE VILLEDON, s. de Roussinat,

Porte d'or, à trois faces ondées de gueules.

83.

20 l. –- Elie CASTIN DE GUÉRIN, escuier,

Porte d'argent, à trois merlettes de sable deux et une surmontées d'une étoile de gueules posée au milieu du chef; écartelé d'azur à un chevron d'or accompagné en pointe d'une montagne d'argent ombrée de sable.

84.

A expliquer plus amplement.

85.

20 l. — Gabriel DE BALUE, escuier, sieur de Lamescheuroye,

Porte d'azur, à une tour d'argent surmontée d'un croissant de même.

86.

20 l. — Jean DE MOREL, escuier, sieur de la Chebaudie,

Porte d'or, à trois fleurs de lis d'azur deux et une, écartelé d'argent à un aigle de sable au vol abaissé.

87.

A expliquer plus amplement.

88.

20 l. — Martialle DE CORDOUANT, fille,

Porte d'or, à un léopard de sable surmonté de deux quintefeuilles de même.

89.

20 l. — Jean MUSSEAU, escuier, sieur de Saint-Michel de Fonquebrune,

Porte d'argent, à un lion armé de gueules.

90.

20 l. — N... DU SOUCHET, escuier, sieur de Villars,

Porte d'or, à une souche d'arbre arrachée de sinople poussant deux rejetons vifs de même un de chaque côté, et surmontée de trois étoiles d'azur rangées en chef.

91.

20 l. — Arnaud de la Lorancié, escuier, seigneur de Mougelias, de Chadverit, et les Thibaulières,

Porte d'argent, à un aigle à deux têtes de sable.

92.

A expliquer plus amplement.

93.

20 l. — Jacques PREVERAUD, escuier, sieur du Beaumont,

Porte d'azur, à un chevron d'or, accompagné de trois grenades de même, deux en chef et une en pointe.

94, 95, 96.

A expliquer plus amplement.

97.

20 l. — François DES BORDES, escuier, sieur de Monléry,

Porte d'azur, à un chevron d'or accompagné de trois arrestes de poisson d'argent posées en pal deux en chef et une en pointe.

98.

A expliquer plus amplement.

99.

20 l. — N... DE FORMEL DE BURIGNAT,
Porte d'azur, à un vol d'argent.

100.

20 l. — Jean DE LESMERY, escuier, s. du Grove,
Porte d'argent, à trois feuilles de chesne de sinople deux et un.

101.

20 l. — Jean REGNAULT, escuier, s. de Pontdeville,
Porte d'argent, à deux fasces de gueules accompagnées de six molettes de sable, trois, deux et une.

102.

20 l. — Joseph JAY, escuier, sieur de Monthormeau,
Porte d'argent, à trois faces ondées de gueules.

103.

20 l. — Henry JAY, escuier, sieur de Bourdellais,
Porte d'argent, à trois faces ondées de gueules.

104.

A expliquer plus amplement.

105.

20 l. — François PREVOST, escuier, seigneur de Touchainbert, de Seneille.
Porte d'argent, à deux faces de sable accompagnées de six molettes de même, trois, deux et une.

106, 107, 108.

A expliquer plus amplement.

109.

20 l. — Jean FAUBERT, escuier, s. Doyée.
Porte d'argent, à trois fasces de gueules.

110.

20 l. — Suzanne Brun,

Porte burelé de sable et d'argent, de dix pièces et un lion d'or lampassé, armé et couronné d'argent, brochant sur le tout.

111, 112, 113.

A expliquer plus amplement.

114.

20 l. — Alexandre du Souchet, escuier, sieur de Salgourde,

Porte d'or, à une souche d'arbre arrachée de sinople poussant deux rejetons vifs de même, un de chaque côté, surmonté de trois étoiles d'azur et rangées en chef.

115.

20 l. — François Regnault, escuier, seigneur de la Sourdière,

Porte d'argent, à deux faces de gueules accompagnées de six molettes de sable posées, trois, deux et une.

116.

20 l. — Elie de Loubière, escuier, sieur de Bernard,

Porte d'azur, à un loup ravissant d'or lampassé de gueules.

117.

20 l. — Pierre-Estienne Balue, escuier, sieur de Foucharière,

Porte d'azur, à une tour d'argent surmontée d'un croissant de même.

118.

20 l. — Pierre Barrau, escuier, seigneur des Giraudieres et de Girac, conseiller et procureur du Roy au présidial d'Angoulesme,

Porte d'azur, à un chevron d'or accompagné de trois croissants d'argent, deux en chef et un en pointe.

119.

A expliquer plus amplement.

120.

20 l. — N... Chastenier, escuier, sieur de Brette et de Rouvre,

Porte d'or, à un lion passant de sinople.

121.

20 l. — Jacques de Lesmery, marquis des Choisy, lieutenant du Roy d'Angoumois,

Porte d'argent à trois feuilles de chesne de sinople deux et une.

122.

20 l. — Henri GRAND, escuier, s. du Pouzet,

Porte d'azur à trois serpents volants d'or, deux et un et une bordure de gueules

123.

20 l. — Paul BRIANT, escuier, s. de la Chaussée,

Porte d'argent à un chevron alaisé de gueules accompagné de trois éperviers de sable, bequez, onglez, et grilletez de gueules posez deux en chef affrontez, et l'autre en pointe.

124.

20 l. — Georges DE LESMERY, escuier, sieur de Mouchetune et de Gregeuille,

Porte d'argent à trois feuilles de chesne de sinople, deux en chef et une en pointe.

125.

20 l. — N. DE PINDRAIS, escuier, sieur de Fonteville,

Porte d'argent à un sautoir de gueules.

126.

20 l. — Thomas DE CUSMIN, escuier, s. de La Prade,

Porte de gueules à un pilier d'or soutenu par deux lions affrontez de même armez et lampassez de gueules et un chef d'azur chargé d'une croix d'or accostée de deux étoiles de même.

127, 128.

A expliquer plus amplement.

129.

20 l. — Gabriel GAUDILAUD, escuier, seigneur de Foudion et de Chambon, conseiller du Roy et président au présidial d'Angoulesme,

Porte d'azur à une tour d'argent.

130.

20 l. — Louis CORNIOL, escuier, s. de Tessy et de Beauregard,

Porte d'or à deux chevrons de gueules.

131, 132, 133.

A expliquer plus amplement.

134.

20 l. — François DE LA CROIX, écuyer, sieur du Chalard,

Porte d'azur à un lion de gueules tenant une croisette d'argent sous sa patte.

135.

A expliquer plus amplement.

136.

20 l. — Jean THOMAS, escuier, s. des Bretonniers, conseiller du Roy, garde des sceaux du présidial d'Angoulesme,

Porte d'or à un cœur de gueules, surmonté d'une étoile d'azur et soutenu d'une croix de même.

137.

20 l. — François GUY, escuier, sieur de Fontaines,

Porte d'argent à trois fermeaux de gueules, deux et un et un chef d'azur.

138.

20 l. — Jean DE LA CROIX, escuier, sieur de la Chapelle,

Porte d'or à un lion de gueules tenant une croisette d'argent sous sa patte.

139.

20 l. — René DEXMIER, s. de la Cour,

Porte d'argent à une fleur de lis d'azur, écartelé d'azur à une fleur de lis d'argent.

140.

20 l. — René DEXMIER, seigneur de Grosbousts,

Porte de même.

141.

20 l. — Pierre Gaston DE VIANE, chevalier, seigneur d'Aigue,

Porte d'argent à trois violettes au naturel avec leurs tiges de même posées deux et une, écartelé d'azur à une bande d'or chargée de trois arbres arrachez de sinople.

142.

20 l. — Pierre DE PONBRIAN, escuier, sieur du Pignon,

Porte d'azur à un pont d'argent.

143.

A expliquer plus amplement.

144.

20 l. — Anne Thomas, veuve de François de Nogaret, escuier, sieur de la Filière,

Porte d'or à trois noyaux de sinople deux et un.

145.

20 l. — Jean de Plumaut, escuier, sieur de Bailhat,

Porte d'azur à trois aigrettes d'argent deux et une (ces aigrettes sont trois oiseaux sauf les jambes).

146.

20 l. — François Dauphin, escuier, s. de Goursat et de la Cadoüe,

Porte d'argent à deux faces d'azur.

147.

A expliquer plus amplement.

148.

20 l. — Dianne de Ranade, veuve de Louis Angely, escuier, s. de la Salle qui a présenté l'armoirie qui

Porte d'argent à quatre croix de sinople posées au 4 quartiers de l'écu.

149.

20 l. — Pierre Thibaut, escuier, s. de Jaubertière,

Porte d'azur à un lambel de trois pendants d'or posé en face, accompagné de trois croissants d'argent, deux en chef et un en pointe, et un chef de gueules chargé de trois losanges d'argent.

150.

20 l. — Jean de Guitard, escuier, s. de Laborie Ribeval,

Porte d'azur à un agneau d'argent paissant.

151.

20 l. — Jacques de Chergé, escuier, s. du lieu,

Porte d'azur à une face d'argent chargée de trois étoiles de gueules.

152.

20 l. — Madelaine de Bauschamp, veuve de N... des Bernardières, a présenté l'armoirie qui

Porte d'azur à un aigle d'argent.

153.

20 l. — Charles Prévost, escuier, s. de la Chaume,

Porte d'argent à deux faces de sable accompagnées de six molettes do même posées, trois, deux et une.

154.

20 l. — Jean de Pons, escuier, s. de Combes-Navières,

Porte d'argent à une face bandée de six pièces d'or et de gueules.

155.

20 l. — N. Dorion, escuier, s. de Saint-Amand,

Porte d'azur à trois bandes d'or.

156.

A expliquer plus amplement.

157.

20 l. — Louis de Lestang Nabinost, escuier, s. dudit lieu de Nabinost,

Porte d'argent à sept losanges de gueules, quatre en chef et trois en pointe.

158.

20 l. — Jean du Souchet, escuier, s. de Grissac,

Porte d'or à une souche de laurier arrachée de sinople poussant deux rejettons vifs un de chaque côté de même, et surmontée de trois étoiles d'azur rangée en chef.

159.

A expliquer plus amplement.

160.

20 l. — Jean de Pons, escuier, seigneur du Breuilh Coifeau,

Porte d'argent à une face bandée d'or et de gueules de six pièces.

161.

20 l. — Jean Jay, escuier du Chatelard de Saint-Frond,

Porte d'argent à trois faces de gueules.

162.

20 l. — Claude du Souchet, seigneur de Ladourville,

Porte d'azur à un laurier d'argent.

163.

20 l. — Jacques d'Abzac, escuier,

Porte de gueules à trois léopards d'argent l'un sur l'autre.

164.

20 l. — François de Madaire, escuier, sieur de la Bregemont, fils,

Porte d'argent à trois écuieuils assis de gueules posés deux en chef et un en pointe tenant chacun de leurs deux pattes de devant une noisette d'or.

165.

20 l. — François de Livron, escuier, du Puyvidal, cadet,

Porte d'argent à trois faces de gueules et un franc canton d'argent chargé d'un roc d'échiquier de gueules.

166.

20 l. — Jacques du Rousseau de Ferière, escuier, seigneur de Chabrot,

Porte de gueules à un chevron d'argent accompagné de trois besans de même, deux en chef et un en pointe, et un chef d'argent chargé de trois losanges de gueules.

167.

20 l. — Jean de Lamberty, escuier, sieur de Mene,

Porte d'azur à deux chevrons d'or.

168.

20 l. — François de la Croix, escuier, sieur de la Fenestre,

Porte d'argent à cinq fuzées de gueules posées en face.

169.

20 l. — Léon de la Croix, escuier de la Motte,

Porte d'argent à cinq fuzées de gueules posées en face.

170.

20 l. — François de Rocard, escuier, sieur des Dauges,

Porte d'azur à une pairle et un chevron d'or, l'un et l'autre alaizez et entrelacez ensemble.

171.

20 l. — Jean François de Virolleau de Marillac,

Porte d'argent à cinq bandes de gueules et trois pointes d'azur mouvant du chef.

172.

A expliquer plus amplement.

173.

20 l. — Gaston Leroy, escuier de Lauchere,

Porte d'argent à une bande de gueules cotoyée de deux lions, aussi de gueules couronnés de même.

174.

20 l. — Anne Marie Regnaud, marquise de Saint-Amand, veuve de Jean de Rochechouard,

Porte d'argent à deux faces de gueules, accompagnées de six molettes de sable posées trois, deux et une.

175.

20 l. — Charles Dauphin, escuier, s. de la Forie,

Porte d'argent à deux faces d'azur.

176.

20 l. — Jean Tizon, escuier, s. de la Marche,

Porte d'or frêté d'azur.

177.

20 l. — N. Dumas, escuier, s. du Peux,

Porte de gueules à trois hures de sanglier d'or, deux en chef et une en pointe.

178.

20 l. — François Gibours, escuier, s. du Chastelet,

Porte d'azur à une croix d'or chargée en cœur d'une molette d'azur et cantonnée de quatre molettes d'or.

179.

A expliquer plus amplement.

180.

20 l. — François Guittard, escuier, s. du Queroz,

Porte d'azur à un agneau d'argent paissant.

181.

20 l. — Jacques de Couhé, escuier, sieur de Lamotte Charbrous,

Porte écartelé d'or et d'azur à quatre molettes de l'un en l'autre.

182.

A expliquer plus amplement.

183.

20 l. — Louis Joseph Grin de Saint-Marceau, escuier, s. de Nieul de Lerbaudière,

Porte de gueules à trois vols d'argent posés deux et un.

184.

A expliquer plus amplement.

185.

20 l. — Suzanne de Chinières, veuve d'Antoine Pasquier, escuier, s. de Rochebertierres a présenté l'armoirie qui

Porte d'azur à un globe d'or surmonté de deux étoiles de même.

186.

A expliquer plus amplement.

187.

20 l. — Jacques de Jambes, escuier, sieur de la Foix,

Porte de sable semé de fleurs de lis d'argent et un lion d'or brochant sur le tout.

188.

20 l. — Henry Pery, escuier, s. de Mallerand,

Porte d'argent à deux lions de gueules l'un sur l'autre et un chef de sable.

189.

A expliquer plus amplement.

190.

20 l. — Charles de Lambertie, escuier, s. de Saint-Pierre,

Porte d'azur à un lion d'argent armé et lampassé de gueules.

191.

20 l. — Charles de Chastaigner, chevalier de Lindois,

Porte d'or à un lion passant de sinople.

192.

20 l. — Catherine DE CHIEN, veuve de Jacques Raoul, escuier, s. d'Escourance, a présenté l'armoirie qui

Porte d'azur à un chevron d'or accompagné de trois molletes d'argent, deux en chef et une en pointe.

193.

20 l. — Jacques DE LIVRON, escuier, sieur de Puivydal, l'aisné,

Porte d'argent à trois faces de gueules, et un canton d'argent chargé d'un roo d'échiquier de gueules.

194.

A expliquer plus amplement.   **ANNULÉ**

195.

20 l. — Charles DE ROUGNAT, escuier, s. de la Papelière,

Porte d'azur à un sautoir d'or accompagné de quatre étoiles de même.

196.

A expliquer plus amplement.

197.

20 l. — N..... DUROUSSEAU DE LA VEUE,

Porte de gueules à un chevron d'argent accompagné de trois bezans de même, deux en chef et un en pointe, et un chef d'argent chargé de trois losanges de gueules.

198.

20 l. — Claude THOMAS, escuier, sieur des Maisonnettes,

Porte d'or à un cœur de gueules surmonté d'une étoile d'azur et soutenu d'une croix de même.

199.

A expliquer plus amplement.

200.

20 l. — René DE COUHÉ, escuier, s. de la Garde,

Porte écartelé d'or et d'azur à quatre molletes de l'un en l'autre.

201.

A expliquer plus amplement.

202.

20 l. — N. DE LA GARDE, veuve de N...,

Porte de même qu'à l'art. 175 cy devant.

203.

20 l. — Gaston GOULARD, baron de la Faye,

Porte d'azur à un lion d'or, couronné. armé et lampassé de gueules.

(Au manuscrit manque le n° 204).

204 bis.

20 l. — Isaac PERY, seigneur de la Chaussée et de Pressignac et Anne ROCHECHOUART, son épouse,

Portent d'argent, à deux lions de gueules l'un sur l'autre et un chef de sable, acolé de fasse ondé, enté d'argent et de gueules de six pièces.

205.

20 l. — François DE ROCQUART, seigneur de Saint-Laurent,

Porte d'azur, à un pairle et un chevron d'or alaizez et entrelacez.

206.

20 l. — Denize ANDRÉ, veuve de Pierre LE NÉQUOT, escuier, s. des Nobles, a présenté l'armoirie qui

Porte d'azur, à un coq d'argent cretté et barbé de gueules sur un rocher aussi d'argent.

207.

20 l. -- Henry GAUDILAUD, es^er, s. du Chambon,

Porte d'azur, à une tour d'argent.

208.

20 l. — N. MONBRON, escuier, s. Dusson,

Porte burelé d'argent et d'azur, écartelé de gueules.

209.

20 l. — Feu Hubert DE VOLVIRE, escuyer, s. de Brassac, suivant la déclaration de Silvine DE BRASSAC, sa veuve,

Portait burelé d'or et de gueules.

210.

A expliquer plus amplement.

211.

20 l. — Abraham Pasqué, escuier, s. de Flamenas,

Porte d'argent, à un chevron de gueules, accompagné de 3 étoiles de même, 2 en chef et une en pointe.

212.

20 l. — Pierre Raynaud, escuier, s. de Beler,

Porte d'argent, à deux faces de gueules accompagnées de six molettes de sable, trois en chef, deux en face et une en pointe.

213.

20 l. — François Gaschet, escuier, sieur de Saint-George,

Porte party d'azur et de sinople, et un lièvre d'argent brochant sur le tout.

214.

20 l. — Jean Baiel, escuier, s. du Breuil Bernac,

Porte parti au 1er d'azur, à un lion d'or lampassé et armé de gueules, coupé d'azur à cinq rochers d'argent posez deux, deux et un, et au second d'azur à trois faces ondées, entées d'argent.

215, 216, 217.

A expliquer plus amplement.

218.

20 l. — Jean Guymard, escuier, seigneur de Jallais et de Roussignac, conseiller du Roy, chevalier d'honneur au siège présidial d'Angoumois,

Porte d'argent, à un écot d'arbre coupé et péri en bande, de sinople duquel à senestre sort une branche vive s'étendant vers le chef de même, parti d'azur à un lion d'or couronné de même lampassé et armé de gueules.

219.

20 l. — Isaac Audet, chevalier du Fouilloux,

Porte de gueules à trois glands d'or deux et un.

220.

A expliquer plus amplement.

221.

20 l. — Raymond Thibault, escuier, sieur de la Cadouas,

Porte d'azur, à un lambel de trois pendants d'or posé en face, accompagné de trois croissants d'argent, deux en chef et un en pointe et un chef de gueules chargé de trois losanges d'argent.

222.

20 l. — Pierre THIBAULT, escuier, s. Dupuy,

Porte de même.

223.

A expliquer plus amplement.

224.

20 l. — Elie-François DABZAC, escuier, seigneur de Tuffas,

Porte de gueules, à trois léopards d'argent l'un sur l'autre.

225, 226, 227.

A expliquer plus amplement.

228.

20 l. — Jean DU CAUX, escuier, s. de la Brangerie Selette,

Porte d'or, à un chesne de sinople, un lion de gueules passant au pied de l'arbre et une bordure d'argent chargée de tourteaux d'azur sans nombre.

229.

A expliquer plus amplement.

230.

20 l. — François MARTIN, escuier, s. de Bourgon,

Porte d'azur, à un pal d'argent, chargé de trois mouchetures d'hermines de sable.

231, 232.

A expliquer plus amplement.

233.

20 l. — Feu François-Gabriel DE NESMONT, escuier, seigneur de la Prévostrie, suivant la déclaration de Suzanne CADIOT DE POULIGNIER, sa veuve,

Portait d'argent, à trois cornets de sable, deux et un.

234.

A expliquer plus amplement.

235.

20 l. — François BARBARIN DES CHAMBOUS, escuier, seigneur de Chambre et de Lapleau,

Porte d'azur, à trois barbarins ou barbeaux d'argent posés en fasce l'un sur l'autre.

236.

20 l. — François DE ROCARD, s. de la Cour du Petit Pressac,

Porte d'azur, à un pairle et un chevron d'or alaizés et entrelassez.

237.

20 l. — Jean SOUCHET, escuier, s. des Doussit et lieutenant criminel d'Angoumois,

Porte d'azur, à un levrier d'argent.

238.

A expliquer plus amplement.

239.

20 l. — Jean DE MONTALEMBERT, escuier, seigneur de Cers,

Porte d'argent, à une croix ancrée de sable.

240.

20 l. — Gaspard FROTTIER, chevalier, sieur de la Rochette,

Porte d'argent, à une pelle de gueules mise en pal le fer en haut accosté de dix losanges de même, cinq de chaque coté deux, deux et un.

241.

20 l. — Clément FROTTIER, escuier, sieur de la Rochette,

Porte de même.

242, 243.

A expliquer plus amplement.

244.

20 l. — Jean RICARD, escuier, sieur de Villiers,

Porte d'argent, à un lion de sable.

245.

A expliquer plus amplement.

246.

20 l. — Feu François DE BALUE, suivant la déclaration de Philipe DE CAMBOUR, sa veuve.

Portait d'azur, à une tour crénelée d'argent surmontée d'un croissant de même.

247.

20 l. — Feu François Barbarin, escuier et s. de Pouteil, suivant la déclaration de Marie Guyot, sa veuve.

Portait d'azur, à trois barbeaux d'argent posés en face l'un sur l'autre.

248.

20 l. — Jean de Cambour, escuier, s. de Genouillée,

Porte de gueules à trois faces échiquetées d'argent et d'azur de deux.

249.

20 l. — Jacques Pommet, escuier, sieur des Vergnes,

Porte d'argent à trois pommes de gueules posées une et deux.

250.

20 l. — N... Pontbrian, escuier, s. du Roulle,

Porte d'azur à un pont d'argent.

251.

20 l. — Jean... de Cambour, escuier,

Porte de gueules à trois faces échiquetées d'argent et d'azur de deux.

252.

A expliquer plus amplement.

253.

20 l. — François de Villedon, escuier, sieur de la Maisonnette,

Porte d'argent à trois faces ondées de gueules.

254.

20 l. — Guillaume de Villedon, escuier, s. dudit lieu,

Porte de même.

255.

A expliquer plus amplement.

256.

20 l. — Jean du Caux, escuier,

Porte d'or à un chesne de sinople, un lion de gueules passant au pied de l'arbre et une bordure d'argent chargée de tourteaux d'azur sans nombre.

257.

20 l. — Charles DE LA PLACE, escuier, seigneur de Torsac et de la Forest d'Orse, subdélégué de nos seigneurs les maréchaux de France dans les provinces de Xaintonge et d'Angoumois, et capitaine des chasses de Sa Majesté dans la dite province d'Angoumois,

Porte d'azur à trois glands d'or tigez et feuillez de même posés deux et un.

258, 259, 260, 261, 262, 263.

A expliquer plus amplement.

264.

50 l. — Le Chapitre de la cathédrale de Saint-Pierre,
Porte de sable à deux clefs d'argent passées en sautoir.

265, 266, 267, 268, 269, 270, 271.

A expliquer plus amplement.

272.

20 l. — N... JOUBERT-PRASLIN, juge de Courgeat,
Porte d'azur à trois étoiles d'argent, deux en chef et une en pointe

273, 274, 275, 276, 277, 278, 279, 280.

A expliquer plus amplement.

281.

25 l. — Le Couvent des religieuses carmélites de la ville d'Angoulesme,

Porte de sable mantelé d'argent, la pointe de sable terminée en une croix de même, accompagné de trois étoiles, deux en face et une en pointe de l'un en l'autre.

282.

25 l. — Le Couvent des Jésuites d'Angoulesme,

Porte d'azur à un nom de *Jesus* d'or sommé d'une croisette soutenue de trois clous de la Passion appointez et entouré d'un cercle rayonné, le tout d'or.

283, 284.

A expliquer plus amplement.

RÉCAPITULATION

Armoiries des personnes	183	à 20 l.	. . . .	3,660 l.
Chapitre	1	à	. . . . . .	50
Couvents	2	à 25 l.	. . . .	50
	186			3,760 l.

Total : trois mil sept cents soixante livres et les deux sols pour livre.

Présenté par led. Vanier à nos seigneurs les commissaires généraux du conseil à ce qu'il leur plaise recevoir les dites armoiries et ordonner qu'elles seront registrées à l'armorial général conformément au d. édit et arrests rendus en conséquence, fait à Paris ce cinquième jour d'aoust 9bjᵉ quatre-vingt-dix-huit.

Signé : ACAULT et de LARROC.

Les commissaires généraux députés par le Roy par arrests du conseil des quatre décembre 1696 et 29 janvier 1697 pour l'exécution de l'édit du mois de novembre 1696 à nous présenté par M. Adrien Vanier chargé de l'exécution du dit édit à ce qu'il nous plaise ordonner que les armoiries expliquées audit état seront receues et ensuite enregistrées à l'armorial général, les feuilles jointes audit état contenant l'empreinte ou l'explication des dites armoiries notre ordonnance du sept aoust dernier, portant que le dit Etat et les feuilles seraient montrées au Procureur général de Sa Majesté, conclusions du dit s. Procureur général, ouy le raport du s. de Breteuil, conseiller ordinaire du Roy en son conseil d'Etat, intendant des finances, l'un des dits commissaires.

Nous commissaires susd. en vertu du pouvoir à nous donné par Sa Majesté avon reçeu et recevons les *cent quatre-vingt-six armoiries* mentionnées au dit état et en conséquence ordonné qu'elles seront enregistrées, peintes et blasonnées à l'armorial général et les brevets d'icelles délivrés conformément ausd. édit et arrests rendus en conséquence et à cet effet les feuilles des armoiries jointes au dit état, et une expédition de la présente ordonnance seront remises au s. d'Hozier, conseiller du Roy et garde général du dit armorial général sauf à être ci-après pourveu à la réception de celles des armoiries qui se trouvent surcises par quelques articles de cet état, fait en l'assemblée desd. s. commissaires tenue à Paris, le vingt-neuvième jour de aoust 9bj° quatre-vingt-dix-huit.

Signé : SENDRAS.

Nous soussignez interessez au traitté des armoiries, nommés par la délibération de la compagnie du 29 août 1697 pour retirer les brevets desd. armoiries, reconnaissons que monsieur d'Hozier nous a aujourd'hui remis ceux mentionnez au présent état, au nombre de cent quatre-vingt-six armoiries, la finance principalle desquelles montant à *trois mil sept cent soixante livres* que promettons payer au trésor royal, conformément au traité que nous en avons fait avec Sa Majesté.

Fait à Paris, le huitième jour de septembre mil six cent quatre-vingt-dix-huit.

Signé : CARQUEVILLE.

———

Les pages 98, 99, 100, 101, 102, 103 et 104 du second cahier du manuscrit de d'Hozier sont restées en blanc.

La généralité de Limoges reprend à la page 105.

27 février 1694
—
LIMOGES
—
TULLE
—
BRIVE
—
BOURGANEUF

le vingt-sixième mars
1699
Bon
Signé : SAUVIN.

LIMOUSIN
M. D'HOZIER.

297 armoiries 296 brevets
445 livres   10ˢ

ETAT DES ARMOIRIES

DES PERSONNES ET COMMUNAUTEZ DÉNOMMÉES CY-APRÈS, ENVOYÉES AUX BUREAUX ÉTABLIS PAR Mᵉ ADRIEN VANIER, CHARGÉ DE L'EXÉCUTION DE L'ÉDIT DU MOIS DE NOVEMBRE 1696 POUR ÊTRE PRÉSENTÉES A NOSSEIGNEURS LES COMMISSAIRES GÉNÉRAUX DU CONSEIL, DÉPUTEZ PAR SA MAJESTÉ PAR ARRESTS DES QUATRE DÉCEMBRE DU DIT AN ET VINGT-TROIS JANVIER 1697.

GÉNÉRALITÉ DE LIMOGES

LIMOGES

SUIVANT L'ORDRE DU REGISTRE 1ᵉʳ

84.

A expliquer plus amplement.

85.

Sommes reçeues
20 l. — François TOURON, notaire à Saint-Yrieix,
Porte d'azur à un besan d'argent.

86.

25 l. — Le Couvent des religieuses de Notre-Dame de Limoges,
Porte d'azur à un maria d'or composé d'un M et d'un A entrelassez sommé d'une croix haussée et soutenue d'un bouquet de trois fleurs de même.

87.

20 l. — N... COUSTIN DE MASNADAU, marquis du dit lieu de Masnadau,
Porte d'argent à un lion de sable couronné, lampassé et armé de gueules.

88.

20 l. — Jean DE MOUJON DE LA VALLETTE,

Porte d'azur à un rocher d'or et deux lièvres affrontez de même et rampant sur le rocher.

89.

20 l. — Jean RAZÈS, bourgeois de la ville de Limoges,

Porte d'azur à un chevron abaissé d'or sommé d'un croissant d'argent accompagné de trois roses d'or, deux en chef et une en pointe.

90.

A expliquer plus amplement.

91.

20 l. — Jean DUBANC, médecin de la ville de Saint-Junien,

Porte d'azur à un banc d'argent posé en face et accompagné en chef de trois étoiles et en pointe d'un croissant de même.

92.

50 l. — La Ville de Saint-Junien,

Porte d'azur à un lion d'or couronné et lampassé de gueules.

93.

25 l. — Les Religieuses de Sainte-Ursule de Limoges,

Porte d'argent à une Sainte Ursule de carnation vêtue de sable tenant sur sa main dextre un cœur de gueules percé d'une flèche en barre d'or, et de sa main senestre tenant une palme de même, sur une terrasse de sinople et autour de la sainte escrit en caractères de sable *Sancta Ursula*.

94.

20 l. — Jacques LABICHE, conseiller, avocat du Roy au bureau des finances de la généralité de Limoges,

Porte d'azur à un chevron d'argent accompagné en chef de deux étoiles d'or et en pointe d'une biche passant de même.

95.

20 l. — Pierre LABICHE, écuyer, président trésorier de France au bureau des finances de la généralité de Limoges,

Porte de même.

96.

20 l. — Jean BAUD DE LESSERIE, conseiller du Roy, receveur et payeur ancien des officiers du bureau des finances de la généralité de Limoges,

Porte d'azur à un aigle le vol abaissé d'or surmonté de trois étoiles d'argent rangée en chef, et soutenu d'un croissant de même.

97.

20 l. — Feu N... ROMANET, suivant la déclaration de madame Maynard, sa veuve, bourgeoise et marchande de la ville de Limoges,

Portait d'azur à un chevron de gueules accompagnée de trois branches de romarin de sinople, deux en chef et une en pointe.

98.

20 l. — Léonard MOUNIER, marchand drappier de Limoges,

Porte de gueules à trois poissons d'argent en face, l'un sur l'autre, celui du milieu couronné.

99.

20 l. — Jean MOULINIER DE PUYDIEU, avocat en la Cour du parlement de Bordeaux,

Porte d'azur à un moulin à vent d'argent massonné de sable sur un tertre ou terrasse au naturel.

100.

20 l. — Grégoire TEVENIN, marchand de Limoges,

Porte d'azur à une face en devise haussée d'or, accompagnée en chef d'un croissant accosté de deux étoiles de même et en pointe d'un levrier rampant d'argent appuyant ses deux pieds de derrière sur une terrasse de sable.

101.

20 l. — Melchior DE CARBONNIÈRE, gentilhomme et seigneur de Saint-Brice,

Porte d'azur semé de charbons de sable allumés de gueules à trois bandes d'azur brochantes sur le tout.

102.

25 l. — Les Religieuses de Notre-Dame de la ville de Saint-Junien,

Portent d'azur à un Maria composé d'un M et d'un A d'or entrelassez, surmonté d'une croisette et accompagné en pointe d'un bouquet de trois fleurs de même.

103.

20 l. — Jacques DE ROULHIAC, conseiller et substitut de Messieurs les gens du Roy en l'élection de Limoges,

Porte d'azur à trois étoiles d'or, deux et une et un chef cousu de gueules chargé d'un croissant d'argent.

104.

25 l. — Le Chapitre de Saint-Junien,

Porte d'azur à trois lions de sinople, couronnés, lampassés et armez de gueules, deux en chef et un en pointe.

105.

50 l. — L'abbaye de Saint-Augustin de Limoges,

Porte d'azur à un cœur d'or percé de deux flèches d'argent et enflammé de gueules adextré de la lettre S d'argent et senestré de la lettre A de même.

106.

20 l. — Guillaume DU ROU, marchand de la ville de Limoges,

Porte d'azur à une pique et une hallebarde d'argent passées en sautoir, une épée de même, la garde et la poignée d'or posée en pal brochant sur le tout, et supportant de sa pointe un soleil aussy d'or et accompagnée de deux étoiles de même, posées à chaque flanc.

107.

20 l. — Léonard DE VERGNAS, écuyer, l'un des deux cents chevaux légers de la garde du Roy,

Porte d'argent à une face de gueules.

108.

20 l. — Joseph DUBOIS, conseiller du Roy au siège présidial et sénéchal de Limoges,

Porte d'or à un arbre de sinople sur une terrasse de même et une bordure de gueules chargée d'un lion passant d'or en chef et de sept boules de même posées trois à chaque flanc et une en pointe.

109.

20 l. — Pierre DINEMATIN l'aisné,

Porte écartelé au premier de gueules à trois marteaux d'or, deux et un, au deuxième et troisième d'azur à trois croisettes pattées d'or, deux et une et au quatrième d'argent à trois faces de gueules.

110.

20 l. — Barbe Martin, veuve de... Labiche, conseiller du Roy au siège présidial de Limoges,

Porte d'azur à une tour d'or massonnée de sable écartelé de gueules à une face d'or.

111.

20 l. — Catherine Dora, veuve de... Dupin a présenté l'armoirie qui

Porte d'argent, à un chevron d'azur accompagné de trois pommes de pin de sable tigées du même, deux en chef et une en pointe.

112.

20 l. — N... Saute, veuve de... Crouzeil, bourgeois de Limoges, a présenté l'armoirie qui

Porte d'azur, à trois testes de chiens coupées d'argent accolées et bouclées du même, deux et une, surmontées d'un cor de chasse d'or.

113.

20 l. — Grégoire de Roulhac, avocat au Parlement,

Porte d'azur, à une face en devise haussée d'or accompagnée en chef d'un croissant d'argent et en pointe de trois étoiles de même posées deux et une.

114.

20 l. — Jean Lafosse, marchand à Limoges,

Porte de gueules, à un chevron d'argent accompagné en chef de deux étoiles d'or et en pointe d'un trèfle du même.

115.

20 l. — Jean Barbou, marchand à Limoges,

Porte d'azur, à une main dextre de carnation parée d'argent mouvante d'une nuée de même du flanc senestre et tenant une palme et un épi de bled d'or passez en sautoir.

116.

20 l. — N... Chardebeuf, écuyer et sieur de Trahac,

Porte d'azur, à deux faces d'argent accompagnées d'un croissant du même; en chef de quatre étoiles d'or rangées en face et d'une rencontre de bœuf de même en pointe.

117.

20 l. — François-Gabriel Pont, écuyer, chevalier du château de Dompierre, servant actuellement dans les mousquetaires,

Porte d'azur, à trois pals de sable et un chevron de même brochant sur le tout.

118.

20 l. — Charles GUIGAN, conseiller du Roy, assesseur, élu en l'élection de Limoges,

Porte d'azur, à un lion d'or et un chef d'argent chargé de trois mouchetures d'hermines de sable.

119.

25 l. — La communauté des prestres de la mission de Limoges,

Porte d'azur, à un buste de saint Charles Boromée posé de profil, la teste de carnation entourée d'un cercle rayonnant d'or, le camail de gueules, et une bordure de sable chargée de ces mots en caractères d'or *Sigillum — seminarii — mission — Lemovic.*

120.

A expliquer plus amplement.

121.

50 l. — L'abbaye de Saint-Martin des Feuillans de Limoges,

Porte de gueules, à une croix d'or cantonnée au premier et quatrième d'une couronne fermée et au deuxième et troisième d'une coupe couverte de même, et un chef cousu d'azur semé de fleurs de lis d'or.

122.

20 l. — Jean SANDENOY, bourgeois de la paroisse du Buy,

Porte d'azur, à une face d'or chargée d'un coq de gueules et accompagnée de trois étoiles d'argent, deux en chef et une en pointe.

123.

20 l. — Gabriel GRELET, marchand de Limoges,

Porte d'azur, à un lion léopardé d'or, armé et lampassé de gueules tenant de sa patte gauche un bâton en pal sommé d'un grelot de même.

124.

20 l. — Pierre DE LA BORIE, écuyer, président trésorier de France au bureau des finances de Limoges,

Porte d'argent, à un lion de sable lampassé et armé de gueules à un chef d'azur chargé de trois étoiles d'or.

125.

20 l. — Claude CIBOT, marchand de Limoges,

Porte d'azur, à trois coupes de calice ou ciboire d'or, posées deux en chef et une en pointe, celle-cy accostée de deux C de même.

126.

20 l. — Gabriel BLONDAU DE VENTEAU, écuyer, président trésorier de France au bureau des finances en la généralité de Limoges,

Porte d'azur, à un lion d'or, les pattes de devant passées en sautoir et la queue passée entre les jambes et remontant sur son dos.

127.

20 l. — Baptiste BOURDEAU, marchand de Limoges,

Porte d'azur, à un château d'argent flanqué de quatre tours rondes pavillonnées et girouettées de même baty sur une eau ou rivière aussy d'argent ondée de sable, le château sommé d'une espèce de clocher garny d'une cloche d'argent et surmonté d'un lion léopardé d'or.

128.

20 l. — Grégoire MAILLOT, écuyer, président trésorier de France au bureau des finances en la généralité de Limoges,

Porte d'azur, à un chevron d'or accompagné de trois maillets d'argent, deux en chef et un en pointe.

129.

20 l. — Barthélemy MOULINIER, écuyer, conseiller du Roy et son procureur au bureau des finances en la généralité de Limoges,

Porte d'argent, à un chevron de gueules accompagné en chef de deux molettes et en pointe d'un moulin à vent de même.

130.

20 l. — Jean GARAT, conseiller du Roy, controlleur des finances en la généralité de Limoges,

Porte d'azur, à un entrelas d'or en chef et trois étoiles de même posées deux en face et une en pointe surmontée d'un croissant renversé d'argent.

131.

20 l. — Joseph HUGON, maire perpétuel de la ville de Saint-Junien,

Porte d'azur, à un croissant d'argent en fasce accompagné de trois gonds d'or, deux aux flancs confrontez, et un en pointe, le tout surmonté de trois étoiles d'argent rangées en chef.

132.

20 l. — François CARBONEL DE CANISY, evesque de Limoges,

Porte coupé de gueules sur azur, à trois besans d'hermines, deux et un en pointe.

133.

20 l. — Jean Michelon, conseiller du Roy éleu en l'élection de Limoges,

Porte d'azur, à un chevron d'or surmonté d'une étoile de même, et accompagné de trois coquilles d'argent deux en chef et une en pointe.

134.

20 l. — Estienne Romanet, chanoine de l'église cathédrale de Limoges,

Porte comme cy-devant art. 97.

135.

20 l. — N... Limousin, marchand à Limoges,

Porte d'azur, à un chevron d'or accompagné en chef de deux croisettes d'argent et en pointe d'un vase du même duquel sortent trois lis aussy d'argent.

136.

20 l. — N... Ardant, chanoine de Saint-Estienne,

Porte d'azur, à un chevron d'argent accompagné en pointe d'un soleil d'or et un chef cousu de gueules chargé de trois étoiles d'or.

137.

25 l. — Le prieuré du couvent du Chastenet,

Porte d'azur, à une Vierge d'argent tenant l'enfant Jésus sur son bras dextre, sur un croissant d'or.

138.

A expliquer plus amplement.

139.

20 l. — Jean Pigné, président en l'élection de Limoges,

Porte d'azur, à un pin de sinople sur une terrasse de même.

140.

20 l. — Gabriel de Saint-Aulaire, gentilhomme,

Porte de gueules, à trois couples pour des chiens d'argent posés en pal, deux et un, les attaches tournées à dextre.

141.

20 l. — Philippe Paignon, conseiller du Roy et son procureur au bureau des finances de la généralité de Limoges,

Porte de sinople, à un chevron d'or accompagné en chef de deux étoiles de même et en pointe d'un paon rouant au naturel.

4

142.

20 l. — Blaise Varachaut, marchand bourgeois de Limoges,

Porte d'argent, à un chevron de gueules accompagné en chef de deux croissants d'azur et en pointe d'un astre de sinople sur une terrasse de même et un chef d'azur chargé de trois étoiles d'or.

143.

20 l. — Henri Lafosse, marchand de Limoges,

Porte de gueules, à un chevron d'argent accompagné en chef de deux étoiles d'or, et en pointe d'un trèfle de même.

144.

20 l. — Louis des Texiéres, écuyer, sieur de la Vergne Boisber-trant,

Porte losangé d'argent et de gueules.

145.

20 l. — N... Pichard, seigneur de l'Eglise-au Bois,

Porte d'azur, à trois bourdons d'or, deux en chef et un en pointe, celui-ci surmonté d'une étoile d'argent.

146.

20 l. — Georges Ardans l'aisné, marchand et capitaine de bourgeoisie, à Limoges,

Porte de gueules, à un chevron d'or accompagné en chef d'un G et d'un A de même et en pointe d'un soleil d'argent, et un chef cousu d'azur chargé de trois étoiles d'or.

147.

20 l. — François de la Tour de Neuvillars,

Porte d'azur, à une tour d'argent massonée de sable écartelé d'azur à une bande d'or accompagnée de 4 étoiles de même, trois en chef posées en orle et trois en pointe posées en bande.

148.

20 l. — Jean Pinot, bourgeois et lieutenant de bourgeoisie de Limoges,

Porte d'azur, à trois pieds humains d'argent deux et un.

149.

20 l. — Melchior Champolimard, assesseur de la maison de ville de Limoges,

Porte d'azur, à trois fleurs de gueules en bouquet et un chef d'azur chargé d'un soleil d'or.

150.

20 l. — Léonard GRELET, marchand de Limoges,

Porte d'azur, à un lion contourné d'or tenant un bâton sommé d'un grelot de même.

151.

20 l. — Feu N... ARDANT, marchand, à Limoges, suivant la déclaration de Jeanne DES VANIÈRES, sa veuve, portait comme cy-devant, art. 136.

152.

20 l. — Jean D'ALESME, chanoine de l'église cathédrale de Limoges,

Porte d'azur, à un chevron d'or accompagné en pointe d'un croissant de même et un chef cousu de gueules chargé de trois étoiles d'or.

153.

20 l. — Jean DES MAISONS, sieur de Bonnefont, gentilhomme,

Porte de gueules, à deux tours d'or massonées de sable girouettées d'argent à un chef d'argent chargé de trois molettes de sable.

154.

20 l. — Pierre SENDILLION, écuyer, sieur de la Galmie,

Porte d'azur, à trois colombes d'argent, onglées de gueules, deux en chef et une en pointe.

155.

20 l. — François MAURY, marchand à Limoges,

Porte de gueules, à un arbre d'or accosté au pied d'un soleil à dextre et d'une lune à senestre de même et un chef cousu d'azur chargé de trois étoiles d'or.

156.

20 l. — Feu N... VERTHAMON, procureur du Roy en la cour royale de Limoges suivant la déclaration de Catherine ROULIAT, sa veuve,

Porte écartelé, au 1er de gueules à un lion passant, au deuxième et troisième de cinq points d'or équipolez à quatre d'azur et au quatrième de gueules.

157.

20 l. — Jérémie MARTIN, marchand à Limoges,

Porte comme cy-devant art. 110.

158.

20 l. — Gabriel FARNE, marchand à Limoges,

Porte d'azur, à un arbre d'or accosté des deux lettres J et F de même.

159.

A expliquer plus amplement.

160.

20 l. — Jean BARBOU, marchand à Limoges,

Porte comme cy-devant art. 145 avec un croissant d'or en chef.

161.

A expliquer plus amplement.

162.

20 l. — Bernard PINOT, receveur général des domaines, à Limoges,

Porte d'argent, à trois pommes de pin de sable, deux et une, les tiges en haut.

163.

20 l. — Léonard CHAVANIAT, chanoine de la cathédrale de Saint-Estienne de Limoges,

Porte d'azur, à un arbre de sinople.

164.

20 l. — Léonard DANIEL, sieur de Montfayon, juge royal à Saint-Léonard,

Porte d'azur, à un coq d'or accompagné en chef de deux étoiles et en pointe d'un croissant de même.

165.

20 l. — David DAVID, notaire à Limoges,

Porte d'argent, à un lion de gueules lampassé et armé d'or.

166.

A expliquer plus amplement.

167.

20 l. — Jean DE RUAUD, conseiller et procureur du Roy en la sénéchaussée et siège présidial de Limoges,

168.

20 l. — Feu... MOULINIER, greffier en chef de la grande prévosté de Limoges suivant la déclaration de Françoise PITIOT, sa veuve,

Portait d'azur, à un moulin à vent d'argent.

169.

20 l. — Alexis MERIGOT, chanoine de l'église cathédrale de Saint-Estienne de Limoges,

Porte d'azur, à un pont de cinq arches de sable sur une rivière d'azur, le pont sommé d'un arbre de sinople.

170.

20 l. — Jacques DE LA SUDRIE, chevalier, seigneur de Gamoury, conseiller du Roy, président trésorier de France, général des finances en la généralité de Limoges,

Porte écartelé au premier d'argent de deux J de gueules posez en pal, au deuxième d'azur à un croissant d'argent, au troisième d'azur à une coquille d'or en chef et une demi-coquille de même en pointe ; mouvante de la partition, et au quatrième d'or à une branche de suriette de sinople posée en pal.

171.

20 l. — Antoine DE ROYÈRE, écuyer, seigneur de Brugniat,

Porte d'azur, à neuf cloches ramassées d'argent posées trois, trois et trois.

172.

A expliquer plus amplement.

173.

20 l. — N... PAILLER, veuve de... PAILLIER, juge de Roussac, a présenté l'armoirie qui

Porte d'azur, à trois épis d'or mouvans d'une motte de même accompagnez en chef de deux étoiles aussy d'or.

174.

20 l. — N... SENAMAUD, juge garde de la monnoye de Limoges,

Porte d'argent, à une croix haussée de gueules au pied fiché dans un cœur de même accosté de deux étoiles d'argent.

175.

20 l. — Martial VANIÈRES, marchand à Limoges,

Porte de gueules, à navire équipé d'or, les cordages de sable, les voiles d'argent, les guidons d'or et d'azur voguant sur une mer d'azur.

176.

20 l. — Antoine NOALHIER, sieur des Baillet, conseiller au siège présidial de Limoges,

Porte d'argent à un aigle contourné, le vol abaissé de sable.

177.

20 l. — Jean Barny, avocat à Limoges,

Porte d'azur, à un chevron d'argent. accompagné en chef de deux roses d'or, et en pointe d'un lion de même.

178, 179, 180.

A expliquer plus amplement.

181.

20 l. — Jean Veyrier, comm^re de la ville de Saint-Léonard,

Porte d'azur à un calice d'or accosté de deux cygnes d'argent, affrontez leurs becs dans le calice comme pour y boire.

182.

20 l. — Feu N... Midy suivant la déclaration de..... sa veuve,

Portait d'azur à un cadran d'argent marqué de douze heures de sable, l'aiguille d'or fleurdelisée au bout de la pointe tournée sur le nombre XII ou de Midy, le tout surmonté d'un soleil d'or mouvant du chef.

183.

A expliquer plus amplement.

184.

20 l. — François Fauconnier, lieutenant particulier de Belac,

Porte d'azur à une main senestre d'argent mouvante du flanc dextre, ayant un gand de fauconnier, et portant sur son poing un faucon de même cantonné.

185, 186.

A expliquer plus amplement.

187.

20 l. — Pierre Gallicher, conseiller au siège royal de Belac,

Porte d'azur à une face d'or accompagnée en chef d'une coquille d'argent accostée de deux étoiles d'or, et en pointe d'un coq contourné de même.

188.

A expliquer plus amplement.

189.

20 l. — Joseph Charon, conseiller du Roy et son procureur au siège royal de la ville de Belac,

Porte de gueules à un chevron d'or accompagné en chef de deux étoiles d'argent et en pointe d'un chat accroupi de même.

190.

A expliquer plus amplement.

191.

20 l. — Pierre Alexandre DE MALLEVAUD, commissaire en la maréchaussée de Belac,

Porte d'azur à un chevron d'argent accompagné en chef de deux roses tigées et feuillées de même, et en pointe d'un dauphin pamé aussy d'argent.

192.

20 l. — Jean GARAT, marchand et capitaine de bourgeoisie à Limoges,

Porte d'azur à un entrelas d'or en chef et trois étoiles de même, posées deux en face et une en pointe, celle-ci surmontée d'un croissant renversé d'argent.

193.

20 l. — Gédéon DE ROSSIGNAC, sr de Sannat, écuyer, seigneur de la paroisse de Saint-Junien-les-Combes,

Porte d'azur à un lion de gueules.

194.

20 l. — Pierre BOURDIER-RABI, marchand à Limoges,

Porte d'argent à un lion de gueules passant sur une terrasse de sinople accosté d'un P et d'un B de sable, la terrasse chargée d'un R d'or et un chef d'azur chargé de trois étoiles d'argent.

195.

20 l. — Jacques DE FENIEUX, sieur de Vaubourdalle,

Porte d'azur à un phénix sessorant d'or béqué et membré de gueules posé sur un croissant d'argent à un chef cousu de gueules chargé de trois étoiles d'or.

196.

A expliquer plus amplement.

197.

20 l. — Jean DE FENIEUX, sieur de la Merrounière,

Porte comme cy devant, art. 195.

198.

20 l. — Martial DE LOMENIE, marchand à Limoges,

Porte d'argent à un arbre arraché de sinople suporté par un tourteau de sable à un chef d'azur chargé de trois losanges d'argent.

199.

20 l. — Jacques Martin, marchand à Limoges,

Porte comme cy devant art. 110.

200.

20 l. — N. DE Saint-Vir Maumont, écuyer,

Porte d'azur à un sautoir ondé d'or accompagné de quatre tours d'argent.

201.

20 l. — Jean DE Grezennet, s. des Forges servant chez le Roy,

Porte d'azur à une bande d'or chargée de trois croisettes au pied fiché de gueules à une bordure d'or chargée de huit croisettes semblables.

202.

20 l. — Alexandre DE Saint-Martin, écuyer, seigneur de Baignac,

Porte d'hermines à trois bandes de gueules.

203.

20 l. — N... Madelan, chanoine à Saint-Estienne de Limoges,

Porte d'azur à trois lions passants d'or l'un sur l'autre.

204.

20 l. — Charles Mareliéras, prestre et greffier de la ville d'Aixe,

Porte d'azur à un chevron d'or accompagné en chef de deux écrevisses d'argent et en pointe d'un bouquet de fleurs au naturel.

205.

20 l. — N... Guingan, médecin de la ville d'Aixe,

Porte comme cy devant, art. 118.

206.

20 l. — N... Verthamon, chanoine de Saint-Estienne,

Porte comme cy devant, art. 156.

207, 208.

A expliquer plus amplement.

209.

20 l. — N... Mounier, sieur de la Chassagne, marchand à Limoges,

Porte comme cy devant art. 98, et un chef cousu d'azur chargé de trois étoiles d'argent.

210.

20 l. — Jean Dupin, écuyer,

Porte d'argent à trois bourdons de gueules rangez en pal.

211.

20 l. — Jean Tardy, juge de Chastaux-Poinsat.

Porte d'azur à une croix d'or cantonnée en chef de deux étoiles de même et en pointe de deux croissants d'argent.

212.

20 l. — François du Chaslard, lieutenant particulier de la ville du Dorat,

Porte d'azur à trois larmes d'argent, deux en chef et une en pointe.

213.

20 l. — Jean de Mesmond, conseiller du Roy en la sénéchaussée de Dorat,

Porte d'azur à trois cors de chasse mal ordonnés d'or.

214, 215, 216, 217, 218, 219, 220.

A expliquer plus amplement.

221.

20 l. — François de Mallevaud, conseiller du Roy, président lieutenant général de la Basse-Marche au Dorat,

Porte comme cy devant, art. 191.

222.

20 l. — Vincent de Mallevaud, médecin de la ville du Dorat,

Porte de même.

223.

20 l. — Jean Laurens, conseiller du Roy, lieutenant criminel de la Basse-Marche au Dorat,

Porte d'argent à une face de gueules accompagnée en chef de deux étoiles et en pointe d'un croissant de même.

224.

20 l. — Joseph Boucheul, avocat de la ville du Dorat,

Porte d'azur à deux faces d'or accompagnées en chef d'une étoile de même et à dextre d'un croissant d'argent à senestre et en pointe d'une étoile d'or.

225.

A expliquer plus amplement.

226.

20 l. — Jean Aubugeois, médecin de la ville du Dorat,

Porte d'azur à deux molettes d'argent en chef et un croissant de même en pointe.

227.

25 l. — Les religieuses de Notre-Dame de Saint-Léonard,

Portent d'azur à deux lettres M et A entrelassées surmontées d'une croix d'argent et soutenues de trois clouds de la Passion appointez, le tout enfermé dans un cercle rayonné, le tout d'argent.

228.

20 l. — N..... veuve de..... de Villefavars, écuyer, seigneur dudit Villefavars a présenté l'armoirie qui

Porte d'azur à une burette de gueules accompagnée de trois aigles d'azur, deux en chef l'autre en pointe.

229, 230.

A expliquer plus amplement.

231.

20 l. — Pierre Minot, marchand en la ville de Moustier,

Porte d'argent aux deux lettres capitales de A et D de sable posées en face accompagnées en chef d'une étoile de gueules et en pointe d'un croissant d'azur accosté de deux étoiles de gueules.

232.

20 l. — Pierre Rubein, de la ville des Moutiers,

Porte écartelé au premier de gueules à un chevron d'or, accompagné de trois coquilles d'argent, deux en chef et un en pointe; au second d'azur à un chevron d'or accompagné de trois étoiles de même deux en chef et une en pointe; au troizième d'azur à un cor de chasse d'or surmonté d'un massacre de cerf de même, et au quatrième de gueules à trois molettes d'argent, deux et une et un franc canton d'hermines.

233.

A expliquer plus amplement.

234.

20 l. — Jean RUBEIN, médecin de la ville de Moutier,

Porte d'azur à un chevron d'argent accompagné de trois coquilles d'or renversées deux en chef et une en pointe.

235.

20 l. — Jean DE LA MONERIE DE LA MORÉLIE, écuyer,

Porte d'azur à un chevron d'or surmonté d'une croix de même accostée de deux palmes confrontées d'argent et accompagnées en pointe d'une tour de même, màssonnée de sable.

236, 237.

A expliquer plus amplement.

238.

20 l. — Paul PAGNION, écuyer, s. de la Borie de Lascaux,

Porte d'argent à un chevron de gueules, accompagné en chef de deux croisettes de même et en pointe d'un palmier de sinople.

239, 240, 241.

A expliquer plus amplement.

242.

20 l. — N... DE LA MORÉLIE, écuyer, s. de Puis Redon,

Porte comme cy devant, art. 235.

243.

20 l. — Irieix MEUNIER, lieutenant du Pariage de la ville de Saint-Irieix,

Porte d'azur à trois poissons d'argent posés en face l'un sur l'autre.

244.

20 l. — N... BOUDON, veuve de Iriex de la Font de Marconiat a présenté l'armoirie qui

Porte de gueules à une fontaine de trois bassins, l'un sur l'autre d'argent, sur le plus haut desquels sont perchés deux oiseaux afrontez de même.

245.

20 l. — Léonard GUILLEMET, avocat de la ville de la Sousteraine,

Porte d'azur à une main dextre de carnation parée d'or mouvante d'une nuée de flanc senestre d'argent, et tenant suspendue une balance d'or.

246.

20 l. — Pierre Joseph MOULINIER, avocat à la Cour,

Porte d'azur à un moulin à vent d'argent massoné de sable.

247.

20 l. — N... PICHAUD, bourgeois de la ville des Moustiers,

Porte comme cy devant, art. 145.

248.

20 l. — Jacques DE JORIMAUD, écuyer, sieur de la Meschenie,

Porte d'azur à deux faces d'or.

249.

A expliquer plus amplement.

250.

20 l. — Joseph PETIT, marchand à Limoges,

Porte d'or à un arbre de sinople terrassé de même et un lion de sable couché au pied de l'arbre qu'il embrasse avec sa queue.

251.

20 l. — Guillaume DE LA BORIE-BEAUPRÉ, cy devant lieutenant de cavalerie,

Porte d'or à un lion de sable lampassé et armé de gueules et un chef d'azur chargé de trois étoiles d'or.

252.

20 l. — N... DUPUIS DE BETTE, écuyer, seigneur de la paroisse de Sainte-Catherine de Saint-Yrieix,

Porte d'azur à un chevron haussé d'or, accompagné en pointe d'un cœur supportant une croix pattée de même au pied fiché dans le cœur.

253.

20 l. — N... DE CHAMBOURANT, écuyer, seigneur de Droux,

Porte d'argent à un lion de sable lampassé et armé de gueules.

254.

20 l. — Joseph DE RIEUX, écuyer, seigneur de Fontbussaut, et de la paroisse de Saint-Léger Maniazil,

Porte d'azur à un sautoir d'or accompagné en pointe d'un croissant d'argent.

255, 256.

A expliquer plus amplement.

257.

20 l. — N... Ponte, écuyer, sieur des Forges,
Porte comme cy devant art. 117.

258.

20 l. — Jacques de Moras, écuyer, sieur de Lavaud de Blanzat,
Porte de gueulés à deux épées d'argent passées en sautoir, accompagnées de quatre molettes d'or.

259.

20 l. — Jean Coustin, écuyer, sieur de Puismartin,
Porte comme cy devant, art. 87.

260.

A expliquer plus amplement.

ANNULÉ

261.

20 l. — Jean Chauveron, écuyer, seigneur de Jourgniat,
Porte d'argent à un pal bandé d'or et de sable de six pièces.

262.

20 l. — Nicolas Bony de la Vergne, écuyer, seigneur de la Vergne,
Porte de gueules à trois besans d'argent, deux en chef et une en pointe.

263.

20 l. — François d'Escars, seigneur d'Escars,
Porte de gueules à un pal de vair.

264.

20 l. — Jean Dufaure, écuyer, s. de Vialebois, conseiller du Roy
au présidial de Limoges et premier assesseur dans la maréchaussée
de Limousin,
Porte d'azur à un chevron d'or soutenu par trois bâtons de même posés en pal et
en sautoir et un chef cousu de gueules.

265.

20 l. — Martial de Cordes, seigneur de Felis, conseiller du Roy au
présidial de Limoges,
Porte d'azur à deux lions adossés de gueules.

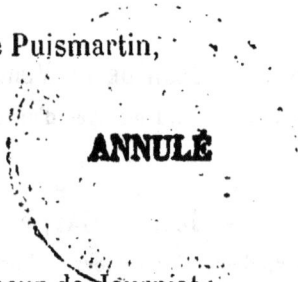

266.

20 l. — Charles Chouet, écuyer, seigneur de la Vilate,

Porte burclé d'azur et d'argent de dix pièces, les quatre premières d'argent chargées de neuf merlettes de gueules, trois sur la première, deux sur la seconde, deux
sur la troisième et deux sur la quatrième.

267.

20 l. — Magdeleine vᵉ de Bermondet, de Louis de Bourbon,
comte de Busset a présenté l'armoirie qui

Porte d'azur à trois mains senestrées apaumées d'argent, deux en chef et une en
pointe.

268.

20 l. — Jean de la Vergne, écuyer, seigneur de la Vergne,

Porte d'azur à trois oyes d'argent, deux et une.

269.

20 l. — Jean de Gay, écuyer, conseigneur de Nexon,

Porte d'azur à un chevron d'or accompagné de trois chaussetrapes d'argent, deux
en chef et une en pointe.

270.

25 l. — Le Chapitre de la ville de Saint-Germain,

Porte d'argent à une bande d'azur accompagnée de six roses de gueules, trois en
chef posées en orle et trois en pointe posées en bande.

271.

20 l. — François Joubelin, écuyer, seigneur de Sauvagniat,

Porte d'azur à trois faces d'or.

272.

A expliquer plus amplement.

273.

20 l. — Maurice Guiot, écuyer, sieur de Ripaire,

Porte d'or à trois perroquets de sinople, bequez et membrez de gueules, le bout
de l'aisle de même, deux en chef et un en pointe.

274.

20 l. — Isaac de Royère, écuyer, seigneur dudit lieu,

Porte d'azur à trois demi vols d'or, deux et un.

275.

A expliquer plus amplement.

276.

20 l. — Jean DE LA RIVIÈRE DE CHANROIS, écuyer,

Porte d'azur à trois lions d'or lampassez de gueules, deux en chef affrontez et un en pointe.

277.

20 l. — René DE LORIE, écuyer, sieur de l'auberge des Freny,

Porte d'argent à un aigle, le vol abaissé de sable béqué et membré d'or.

278.

20 l. — Jacques DE LA CHASSAIGNE, écuyer, sʳ de Monsauvant,

Porte d'azur à deux faces alaisées d'or, accompagnées de cinq étoiles de même, deux en chef, deux en face et une en pointe.

279.

20 l. — François BAZON, écuyer, seigneur de Puisfaucon,

Porte de gueules à un lion d'or accompagné en chef de deux fleurs de lis de même.

280.

20 l. — Gauthier DE LA VERGNE, écuyer, s. de Marginier,

Porte comme cy devant, art. 268.

281.

20 l. — François LAJONIÈRE, chastelain royal du Dorat,

Porte d'azur à un aigle à deux têtes d'argent, le vol abaissé.

282.

A expliquer plus amplement.

283.

20 l. — Nicolas JUGE, conseiller du Roy au présidial de Limoges,

Porte d'azur à une main dextre de carnation mouvante du bas du flanc senestre, tenant une épée d'argent dont la poignée est d'or et suportant sur sa pointe une balance aussi d'argent.

284.

A expliquer plus amplement.

285.

20 l. — Charles Bony de la Vergne, écuyer, seigneur de Vou-
selas,

Porte comme cy devant, art. 262.

286, 287.

A expliquer plus amplement.

288.

20 l. — Estienne de Malevaud, docteur en médecine à Belac,
Porte comme cy devant, art. 191.

289.

A expliquer plus amplement.

290.

20 l. — Pierre Malabay, maire de la ville du Dorat,

Porte d'or à un chevron de sable, accompagné en chef de deux étoiles d'azur, et
en pointe d'un lion de gueules.

291, 292, 293, 294, 295, 296.

A expliquer plus amplement.

297.

20 l. — Jean Doudinot, bourgeois de la ville de Saint-Germain,

Porte d'azur à un chevron d'or accompagné en chef d'une étoile à dextre et d'une
pomme de pin à senestre, de même la tige en haut, et en pointe d'un croissant d'argent.

298.

A expliquer plus amplement.

299.

20 l. — Gilbert de Sauzet, écuyer, s. du Disent,

Porte d'azur à trois pigeons d'argent en chef posez deux et un et trois macles de
même en pointe aussy posez deux et une.

300.

20 l. — Joseph Doudinot du Chasein, lieutenant du vis sennéchal
de Limoges,

Porte comme cy devant, art. 297, à l'exception du champ qui doit estre de gueules.

301.

A expliquer plus amplement.

302.

20 l. — N... DE TARNAT, chevalier,

Porte de gueules à trois molettes d'argent, deux et une et un franc canton d'hermines.

303.

20 l. — N... FRICON, écuyer, s. de la Ligne,

Porte d'or à une bande de gueules bordée et ondée de sable.

304.

20 l. — Antoine DE LA JONIÈRE, commissaire aux . . . . de la ville du Dorat,

Porte d'azur à un aigle à deux têtes d'argent, le vol abaissé.

305, 306, 307.

A expliquer plus amplement.

308.

20 l. — Pierre DE VILLEBOIS, prestre prévost pasteur, première et unique dignité du chapitre de l'église collégiale de Saint-Junien,

Porte d'azur à trois barres d'or accompagnées en chef d'un soleil de même naissant de l'angle dextre et en pointe d'un croissant d'argent tourné en bande.

309.

20 l. — Isaac Jacques DE RAMERU, écuyer,

Porte d'azur à une croix ramée ou composée de deux rameaux en croix d'argent.

310, 311, 312, 313, 314.

A expliquer plus amplement.

315.

20 l. — Pierre DAVID, s. de la Vergne, conseiller du Roy, directeur et trésorier de la Monnoye de Limoges,

Porte d'azur à un roy David, contourné d'argent couronné d'or, perçant, avec un poignard d'argent garni d'or, la gueule d'un lion d'argent lampassé et armé de gueules, le Roy sinistré en chef d'une harpe d'argent.

316.

A expliquer plus amplement.

317.

20 l. — N... veuve de..... DE JAUBERT, a présenté l'armoirie qui

Porte d'azur à trois tours, deux en chef d'argent et l'autre en pointe d'or.

318, 319, 320, 321, 322, 323.

A expliquer plus amplement.

TULLE

SUIVANT L'ORDRE DU REGISTRE 1ᵉʳ

N° 1ᵉʳ.

20 l. — Martial DE FENIS, écuyer, seigneur de la Combe, conseiller et procureur du Roy au présidial de Tulle,

Porte d'azur à un fenix s'essorant d'or sur son bûcher enflamé de gueules, regardant un soleil d'or mouvant de l'angle dextre du chef, écartelé de gueules à un lion d'argent.

2.

20 l. — Martial BORDERYE, sʳ. de Chadepeau, consʳ magistrat vétérant au présidial de Tulle,

Porte d'azur à une face d'or.

3.

20 l. — Jean Joseph TEYSSIER DE MAZEL, avocat au parlement,

Porte de gueules à un chevron d'or accompagné en chef de deux roses d'argent tigées et feuillées d'or et en pointe d'un agneau pascal d'argent, la croix et la banderolle d'or, et un chef cousu d'azur chargée de trois étoiles d'or.

4.

100 l. — La ville de Tulle,

Porte de gueules à trois rocs d'échiquier d'or, deux et un.

5.

20 l. — Jean Léonard Teyssier, sieur de Leyrac, colonel en la ville et receveur des consignations en l'élection,

Porte d'azur à un chevron d'or accompagné de trois coquilles d'argent, deux en chef et une en pointe.

6.

20 l. — Hiérosme Lagarde d'Auberty, avocat en parlement,

Porte de gueules à un chevron d'or accompagné de trois molettes d'argent, deux en chef et une en pointe et un chef cousu d'azur chargé d'une croix pattée d'or.

7.

20 l. — Jean Baptiste de Jancen, seig' de Pryssac, cons' du Roy, premier et ancien président au présidial de Tulle, et Martine de Plasse son épouse,

Portent d'azur à une cloche d'argent sommée d'un coq d'or, crêté et barbé de gueules, et accompagnée de trois étoiles d'or, deux en face et une en pointe, accolé de gueules à une main apaumée d'or.

Et un chef cousu d'azur chargé de trois glands tigés et feuillés d'or *(ceci ajouté au manuscrit par une main étrangère.)*

8.

20 l. — Jean Joseph de Chabannes, lieutenant général au présidial de Tulle,

Porte d'azur à une cabane d'argent massonée de sable et ajourée d'une porte et de deux fenêtres.

9.

20 l. Jean Martin d'Arluc, sieur d'Elpy, conseiller du Roy, élu,

Porte d'azur à une face d'or accompagnée de trois fers de flèche d'argent, deux en chef et une en pointe.

10.

A expliquer plus amplement.

11.

20 l. — Martial de la Fayerdie, sieur de la Val, conseiller du Roy, lieutenant en l'élection,

Porte de gueules à deux triangles évidés et entrelassez d'or et un chef cousu d'azur chargé de deux étoiles d'or.

12.

20 l. — François Jarrige, sieur d'Enval, conseiller élu,

Porte d'azur à une barre d'or accompagnée de deux coquilles d'argent, l'une en chef et l'autre en pointe et un chef cousu de gueules chargé d'un croissant d'argent accosté de deux étoiles d'or.

13.

20 l. — Jean MEYNARD, conseiller du Roy, président en l'élection,

Porte d'azur à une main apaumée d'or et un chef cousu de gueules chargé de deux croissants d'argent.

14.

20 l. — Joseph Antoine MELON, s' de l'ezaret, cons' du Roy, assesseur en l'élection,

Porte d'azur à trois melons de sinople tigez et feuillez de même, les tiges en haut et ouvertes de gueules, posez deux en chef et une en pointe.

15.

20 l. — François MENSAT, conseiller éleü,

Porte d'azur à un chevron d'or accompagné en pointe d'une main apaumée de même.

16.

20 l. — Jacques CHABAMEL, conseiller éleu,

Porte d'argent à un chevron de gueules accompagné en chef de trois étoiles rangées de même, et en pointe d'un pigeon de sable.

17.

20 l. — Pierre BRIVEZAT, procureur du Roy en l'élection,

Porte d'azur à un vase d'or garny de fleurs aussy d'or et de gueules tigées et feuillées au naturel, le tout surmonté d'un croissant d'argent accosté de deux étoiles à six raies d'or.

18.

20 l. — Martin BALUZE, greffier,

Porte d'azur à un vase d'or, duquel sortent des flammes de gueules.

19.

20 l. — Jean DARSHE, conseiller du Roy, lieutenant général criminel au présidial de Tulle,

Porte d'azur à une arche d'or sur des ondes d'argent, à une colombe de même volant en bande portant en son bec un rameau d'olivier de sinople, et fondant sur l'arche.

20.

20 l. — Guillaume ESPINET, conseiller du Roy et son avocat au siège présidial et sénéchaussée de la ville de Tulle,

Porte d'azur à une barre d'or accompagnée de cinq étoiles de même, deux en chef et trois en pointe posées en orle.

21.

20 l. — Jean LA CAZE DU LAURENS, écuyer, conseiller secrétaire du Roy, maison couronne de France et de ses finances,

Porte de gueules à une croix d'or chargée de cinq croisettes de gueules.

22, 23.

A expliquer plus amplement.

24.

20 l. — Dominique DU MIRAL, sieur de la Tour,

Porte écartelé au premier d'argent à un arbre arraché de sinople, au deuxième et troisième d'azur à une arche de Noé d'or sur des ondes d'argent sommée d'une colombe de même tenant en son bec une branche d'olivier de sinople et au quatrième d'argent à une tour de sable.

25.

20 l. — Jean Martial DU MIRAL, conseiller du Roy, controlleur des décimes,

Porte d'argent à un arbre de sinople fruité d'or et surmonté de trois étoiles de gueules rangées en chef.

26.

20 l. — Jean BALUZE, médecin,

Porte d'azur à un chevron d'or accompagné en chef de deux trèfles et en pointe d'un épi de bled de même.

27.

20 l. — Léonard FRAISSE, sieur de Viane, conseiller au présidial de Tulle,

Porte d'or à un lion de gueules tenant de ses deux pattes une branche d'arbre en pal de sinople; écartelé d'azur à trois épis de bled d'or liez de même.

28.

25 l. — Le Séminaire de Tulle,

Porte d'azur à un *Jésus Maria* d'or.

29.

20 l. — Gabriel DE LIMOGES, écuyer, seigneur de Beaufort,

Porte écartelé au premier et quatrième d'or à un lion de gueules couronné de même, au second d'azur à une tour d'argent, et au troisième d'azur à une étoile d'or.

30.

20 l. — Estienne MONDON, médecin à Ussel,

Porte d'azur à un lion d'or lampassé et armé de gueules, ayant entre ses deux pattes de devant un monde d'argent croisé de même et un chef cousu de gueules chargé de trois étoiles d'argent.

31.

20 l. — N... veuve de..... DU BAL, s^r de la Borde, cons^{er} au présidial de Tulle a présenté l'armoirie qui

Porte d'azur à un chevron d'or, accompagné en pointe d'une étoile d'argent et un chef d'or.

32.

20 l. — Jean COUDER, sieur de la Vassière, conseiller au senéchal de Vantadour,

Porte d'azur à un arbre d'or sur une terrasse de même, accosté de deux croissants d'argent.

33.

20 l. — Léonard COMTE, écuyer, seigneur de Beyssat,

Porte d'argent à un arbre de sinople chargé d'une colombe d'argent.

34.

20 l. — Jacques DE LA MOTTE, écuyer, seigneur de la Motte,

Porte de sable à un lion d'argent couronné, lampassé et armé d'or.

35.

20 l. — Jean ANDRIEU, sieur du Thil, bourgeois,
Porte d'azur à un sautoir d'argent.

36.

20 l. — Jean CHASSAIN, sieur de Rouffiat, bourgeois de Meymac,

Porte d'azur à un chef d'or soufflé par deux vents d'argent mouvant des angles du chef.

37.

20 l. — Julien CHAZAT, sieur de Brigoulet, bourgeois de Meymac,

Porte de gueules à un chevron d'or accompagné de trois palmes de même, deux en chef et une en pointe.

38.

20 l. — Rigard Joseph DE BOUCHERON, sieur d'Aumanou, bourgeois de Meymac,

Porte d'azur à trois lions de gueules, deux et un, et un chef d'azur chargé de trois étoiles d'or.

39.

20 l. — Michel BINNET DU JASSOUNET, bourgeois de Meymac,

Porte d'azur à trois losanges d'or, deux et un.

40.

20 l. — Jean Joseph DE LORT, bourgeois de Meymac,

Porte d'azur à trois faces d'argent et un cerf de sable brochant sur le tout.

41.

A expliquer plus amplement.

42.

20 l. — Jean DE BORT, écuyer, seigneur du Theil et de Pierrefitte,

Porte de gueules à un sautoir d'or.

43.

A expliquer plus amplement.

44.

20 l. — Jacques François DE HAUTEFORT, comte de Saint-Chamand,

Porte d'or à trois forces de sable et une écartelé d'argent à trois faces de sinople.

45.

20 l. — Baptiste LAGARDE, bourgeois de Tulle,

Porte d'azur à un chevron d'or, accompagné de trois molettes d'argent, deux en chef et une en pointe, et un chef cousu de gueules chargé d'une croix d'or.

46.

20 l. — Hugues DESTRUC, avocat à Neuvicq,

Porte de gueules à trois cailloux d'or, deux et un, et un chef cousu d'azur chargé de trois étoiles d'argent.

47.

20 l. — Elie DE POMMERYE, sieur de la Vaysse, juge de Neuvicq,

Porte d'azur à trois pommes d'or, deux et une.

48, 49.

A expliquer plus amplement.

50.

20 l. — Antoine CEAUX, conseiller du Roy, recéveur des consignations,

Porte d'azur à un chevron d'or accompagné de trois ceaux d'argent, deux en chef et un en pointe.

51.

20 l. — Jacques DE ROQUEFEUIL, écuyer, sieur de Monvert,

Porte échiqueté d'or et de gueules de seize pièces en tout.

52.

20 l. — Jean FOUILHIAC, lieutenant de la justice de Bort,

Porte écartelé au premier d'argent à un sautoir de sable, au deuxième et troisième d'azur à une gerbe d'or, et au dernier de gueules à quatre faces d'argent.

53.

20 l. — N... LESPINASSE, bourgeois de Bort,

Porte d'azur à un lion d'argent, armé de sable.

54.

20 l. — Charles Alexis DE BOUCHERON, bourgeois de Meymac,

Porte d'or à trois lions de gueules, deux et un.

55, 56, 57, 58, 59, 60, 61.

A expliquer plus amplement.

62.

20 l. — Jean THAURRIAC, prestre prieur, curé de Reillac,

Porte d'azur à trois étoiles d'or, deux et une.

63.

A expliquer plus amplement.

64.

50 l. — La ville d'Esglettons,

Porte échiqueté d'or et de gueules.

65.

20 l. — Jean CEYRAC, avocat à Tulle,

Porte d'argent à un arbre de sinople terrassé de même à un chef d'azur chargé de trois étoiles d'or.

66.

A expliquer plus amplement.

67.

20 l. — Gérard DE GAIN DE MONTAGNAC, écuyer, sieur de la Chapelle,

Porte d'azur à trois bandes d'or.

68.

20 l. — N... du Pestel de Vialore, prestre curé d'Auriac,

Porte d'argent à une bande de gueules accompagnée de six sautoirs de même posez en orle, trois en chef et trois en pointe.

69.

20 l. — François de Gain, chevalier, seigneur de Montagnac,

Porte d'azur à trois bandes d'or.

70, 71.

A expliquer plus amplement.

72.

20 l. — Pierre de Juzé, chevalier, seigneur de Sallac,

Porte d'argent à trois faces de gueules et un lion d'or couronné de même brochant sur le tout.

73.

A expliquer plus amplement.

74.

20 l. — Jean Souloyte, receveur des décimes du diocèse de Tulle,

Porte d'azur à une allouette d'or s'essorant et regardant un soleil de même.

75.

20 l. — N... de Lauthonnye, écuyer,

Porte de gueules à deux épis d'or, écartelé de gueules à trois étoiles d'argent, deux et une.

76.

20 l. — Jean Chauveau, écuyer, sieur de Rochefort,

Porte d'argent à un lion de gueules.

77.

20 l. — Joseph Charles Chauveau, écuyer, seigneur de la Breuil,

Porte de même.

78.

20 l. — Catherine de Combort, dame de la Cour d'Enval,

Porte d'or à deux lions passans l'un sur l'autre de gueules armez de sable.

79.

25 l. — Les religieux de Vallette,

Porte d'azur à un chevron d'or accompagné de deux fleurs de lis de même en chef et d'une croix d'argent en pointe.

80.

20 l. — Jean Martial Guze, avocat en parlement, juge général du duché de Vantadour,

Porte d'or à une bande d'azur chargée de trois lis d'argent posez en bande.

81.

20 l. — Les religieuses de la Visitation de Tulle,

Portent d'or à un cœur de gueules percé de deux flèches d'or ferrées et empennées d'argent passées en sautoir et chargé du nom de *Jésus* escrit en lettres d'or et une croix de sable au pied fiché dans l'oreille du cœur, le tout enfermé dans une couronne d'espines de sinople, les pointes ensanglantées de gueules.

82.

20 l. — Jacques DE BOYSSE DE LA FANGE DES JAUX, chevalier, seigneur des Jaux,

Porte facé d'argent et de gueules de six pièces, les faces d'argent chargées chacune de trois mouchetures d'hermine de sable.

83.

20 l. — Denis MATERRE, avocat en parlement,

Porte d'azur à un arbre d'argent sur une terrasse de même adextrée d'un lion aussy d'argent contourné et rampant contre le tronc de l'arbre et senestré d'un bouquet de trois roses de même mouvantes de la terrasse le tout accompagné en chef d'un croissant d'or accosté de deux étoiles de même.

84, 85.

A expliquer plus amplement.

86.

20 l. — François HUGON DU PRAT, écuyer, seigneur de Ciaux et Magoutière,

Porte d'argent à trois trèfles à dextre de sable et deux lions de gueules à senestre, ces trèfles posez deux et un et les lions posez a costé l'un de l'autre.

87.

20 l. — N... HUGON,

Porte de même.

88.

20 l. — Pierre COMTE, sieur du Monceau de Viam,

Porte d'argent à un arbre de sinople, sommé d'une colombe de gueules et un chef d'azur chargé de trois étoiles d'or.

89.

50 l. — L'abbaye de Bonnesaigne,

Porte d'or à trois chevrons de sable.

90.

20 l. — Martin RIVIÈRE, conseiller du Roy au présidial de Tulle,

Porte d'azur à un cigne d'argent nageant sur des ondes de même et un chef cousu de gueules chargé de trois étoiles d'or.

91.

20 l. — N... DE MARCILLAC DE CHABANNES, écuyer,

Porte d'argent à un sautoir alaisé de gueules en cœur accompagné de trois molettes de même, deux en chef et une en pointe.

92, 93, 94, 95, 96.

A expliquer plus amplement.

97.

20 l. — Joseph DE BRIGOULET DE MOUSSAT,

Porte de gueules à un chevron d'or accompagné de trois palmes de même.

98.

20 l. — Antoine CHADENER, prestre curé de Liginiac,

Porte d'azur à un chifre composé d'un A et de deux C, adossez et entrelassez d'or surmonté d'une couronne d'espines de même.

99.

20 l. — N... LA CROIX DE CASTRYE, écuyer, seigneur d'Anglard,
Porte d'azur à une croix d'or.

100, 101.

A expliquer plus amplement.

102.

20 l. — Pierre DE GAMS, prestre, docteur en théologie et curé de Sereudon,

Porte d'azur à une croix d'or cantonnée de quatre croisettes de même.

103.

20 l. — Jean Martial TERRION, écuyer, seigneur de Chabaize et la Chassaigne,

Porte écartelé au premier d'azur et deux épées d'argent passées en sautoir, les gardes et la poignée d'or accostées de deux palmes d'or, et accompagnées d'un croissant d'argent en chef, et d'un rocher de même en pointe. Au second d'argent à trois faces de gueules; au troisième de gueules à une tour d'argent massonnée de sable, accompagnée de trois mouchetures d'hermine aussy d'argent, deux en chef et une en pointe et au quatrième adextré d'or, l'azur chargé de cinq compons ou denticules de même posées en bordure.

104, 105, 106.

A expliquer plus amplement.

107.

20 l. — N... Dupuy, archiprestre de St-Exupery,

Porte de sable à un lion d'or couronné de même, armé et lampassé de gueules.

108.

20 l. — N... Boucheron, prieur d'Ambrugeat,

Porte d'azur à trois lions de gueules, deux en chef et un en pointe.

109.

20 l. — N... Boucheron, chevalier, seigneur d'Ambrugeat,

Porte de même.

110, 111, 112, 113, 114, 115, 116, 117, 118, 119, 120.

A expliquer plus amplement.

121.

20 l. — Charles Antoine Melon, sr du Verdier, coner au présidial et assesseur en la maréchaussée de Tulle,

Porte d'azur à trois melons d'or, deux et un.

BRIVES

SUIVANT L'ORDRE DU REGISTRE 1er

n° 1er

A expliquer plus amplement.

2.

20 l. — Joseph Dubois, conseiller du Roy, maire perpétuel de la ville de Brives.

Porte d'argent à trois arbres de sinople rangez une terrasse de même, celui du milieu plus haut que les deux autres et un chef d'azur chargé de trois étoiles d'or.

3, 4.

A expliquer plus amplement.

5.

20 l. — N... DE LAVAUX,

Porte d'argent à trois bandes de gueules.

6.

20 l. — N... DE SAINT-PARDOUX,

Porte de gueules à un chef cousu d'azur, chargé de trois étoiles d'or.

7.

A expliquer plus amplement.

8.

20 l. — N... DE LA CHAPELLE SAINT-GÉRARD,

Porte d'argent à trois faces de gueules.

9.

A expliquer plus amplement.

10.

20 l. — N... DU BIGEARDET,

Porte d'azur à un chevron d'or accompagné de trois coquilles d'argent, deux en chef et une en pointe.

11.

A expliquer plus amplement.

12.

20 l. — N... DE GENIS,

Porte d'azur à une croix d'argent accompagnée en chef de quatre creneaux de même mouvants du chef de chaque côté.

13.

20 l. — N... DU LEYRIS DE PEYRAMON DE SAINT-HYBARDS,

Porte d'azur à trois rochers de gueules, deux en chef et un en pointe, et un chef d'azur chargé de trois étoiles d'or.

14, 15, 16, 17.

A expliquer plus amplement.

18.

20 l. — François DE FENIS, seigneur de Tirondel,

Porte d'azur à un fénix s'essorant d'or sur un bûcher enflammé de gueules et regardant un soleil d'or naissant de l'angle dextre du chef; écartelé d'argent à trois faces de gueules.

19.

20 l. — N... DE GOURDON,

Porte d'argent à un rocher de sable.

20.

20 l. — N... DE TIEBESON,

Porte de gueules à trois pals d'argent et un chef facé d'azur et d'or de six pièces.

21.

25 l. — Les religieux de Saint-Benoist de Rigivas,

Portent d'argent à un Saint Benoist de carnation, contourné vêtu de l'habit de son ordre de sable et tenant de sa main dextre une crosse d'or, et de sa senestre un livre de même.

22.

A expliquer plus amplement.

23.

20 l. — N... MONTAUNET,

Porte de sable à un chevron d'or accompagné de trois trèfles de même, deux en chef et un en pointe.

24.

A expliquer plus amplement.

25.

20 l. — Dominique BRACHET, écuyer, seigneur de Jalezie,

Porte d'azur à deux chiens braques d'argent passant l'un sur l'autre, écartelé d'azur à un lion d'or, lampassé et armé de gueules.

26, 27, 28.

A expliquer plus amplement.

29.

20 l. — Jacques BOYER, greffier et secrétaire de la maison de ville d'Userche,

Porte d'azur à un bœuf passant d'or acorné et onglé d'argent foulant de son pied senestre de devant un croissant de même, et un chef cousu de gueules chargé de trois étoiles d'or.

BOURGANEUF

1.

20 l. — Pierre TROMPODON, con^{er} du Roy, maire perpétuel de la ville de Bourganeuf,

Porte d'or à une bande d'azur.

2.

20 l. — Jacques FILLIOUX, con^{er} du Roy, commissaire aux revenus de la ville de Bourganeuf,

Porte d'azur à un lion d'or, lampassé et armé de gueules.

3.

20 l. — Jean AUBUSSON, conseiller et procureur du Roy en l'élection de Bourganeuf,

Porte d'azur à trois étoiles d'argent, deux en chef et une en pointe.

4.

20 l. — Louis AMBUSSON DU PIAT, conseiller du Roy, élu en l'élection de Bourganeuf,

Porte de même.

5.

20 l. — Joseph FOUCAUD, conseiller du Roy, élu en l'élection de Bourganeuf,

Porte d'azur à trois épis de bled d'or tigez et feuillez de même posés, deux et un, et une quintefeuille de même posée en chef.

6.

28 l. — Guillaume AUBUSSON, conseiller du Roy, élu en l'élection de Bourganeuf,

Porte comme cy devant, art. 3.

7.

28 l. — Jean AUBUSSON, conseiller du Roy, receveur des tailles en l'élection de Bourganeuf,

Porte de même.

8.

20 l. — François Forest, greffier en l'élection de Bourganeuf,

Porte d'argent à un arbre de sinople accompagné de trois croissants d'azur, deux en chef et un en pointe.

9.

20 l. — Charles Aubusson, bourgeois de Bourganeuf,

Porte de gueules à une face d'or accompagné en pointe d'un croissant de même.

10.

20 l. — Philippe de la Saigne, écuyer, prestre curé de Peyrat,

Porte de sable à un lion d'argent couronné, lampassé et armé de gueules.

11.

20 l. — Jean Aubusson, bourgeois de la ville de Bourganeuf,

Porte comme ci-devant, art. 3.

12.

A expliquer plus amplement.

13.

20 l. — Léonard Aymoin de la Vaulblanche, écuyer,

Porte d'argent à trois chevrons de gueules.

14.

20 l. — Gabriel Aubusson, conseiller du Roy, président en l'élection de Bourganeuf,

Porte comme cy devant, art. 9.

15.

20 l. — Antoine Forest, s. de Masmory, conseiller du Roy, lieutenant civil en l'élection de Bourganeuf,

Porte d'argent semé d'arbres de sable, et un chef d'azur chargé de deux étoiles d'argent.

16.

50 l. — L'abbaye du Pallais,

Porte d'or à un chevron d'azur accompagné en pointe d'une montagne de sinople.

17.

20 l. — François du Chastenet, écuyer,

Porte d'argent à un chastaigner arraché de sinople, accompagné de quatre moucheturres d'hermine de sable, deux en chef et deux en pointe, et un chef d'azur chargé d'un soleil rayonnant d'or.

18.

20 l. — François Bourdicaud,

Porte d'argent à un chevron de gueules accompagné en chef de deux tresfles et en pointe d'une quintefeuille de gueules.

19.

20 l. — Philibert de David, écuyer,

Porte d'azur à six coquilles d'or, posées trois en chef, une en cœur et deux en pointe.

20.

20 l. — Jean de Lomenie, cy devant receveur des tailles en l'élection de Bourganeuf,

Porte d'azur à un arbre arraché de sinople suporté par un tourteau de sab'e et un chef d'azur chargé de trois lozanges d'argent.

21.

20 l. — Claude de Maleret, écuyer,

Porte d'or à un sautoir d'azur accompagné en chef d'un lion de gueules.

22.

20 l. — Léonard de Saint-Julien, écuyer,

Porte de sable semé de billettes d'or à un lion de même brochant sur le tout.

23.

20 l. — Pierre Trompodon la Chaume,

Porte d'or à une bande d'azur.

24.

A expliquer plus amplement.

25.

20 l. — Joseph Perron, avocat au parlement, juge de Bourganeuf,

Porte d'argent à un tigre couché de sable et un chef d'azur chargé de trois étoiles d'or.

26.

A expliquer plus amplement.

27.

20 l. — Toussaint Champeaux, avocat en la Cour,

Porte d'argent à une bande de gueules et un chef de sable chargé de trois losanges d'argent.

28.

A expliquer plus amplement.

29.

20 l. — Jean FOREST, avocat à Bourganeuf,

Porte comme cy-devant, art. 8.

30.

A expliquer plus amplement.

31.

20 l. — Estienne DE LA MOTTE, curé de Saint-Pardoux-la-Vaux,

Porte d'argent à une croix haussée de gueules plantée sur une montagne de sinople et un chef d'azur chargé de deux étoiles d'or.

32, 33.

A expliquer plus amplement.

34.

20 l. — Paul DE FÉLINES DE LA RENAUDIE, chevalier de l'ordre de Saint-Jean de Jérusalem, grand prieur d'Auvergne, commandeur de Bourganeuf,

Porte d'azur à un soleil rayonné d'or et un chef de gueules, chargé d'une croix d'argent.

35.

20 l. — Henry DES MIALET DE FARGUES, chevalier de l'ordre de Saint-Jean de Jérusalem,

Porte d'azur à trois étoiles d'argent, deux et une, et un chef d'or, abaissé sous celuy de la religion de Malthe qui est de gueules chargé d'une croix d'argent.

36.

20 l. — Pierre DE L'HERMITE, écuyer,

Porte d'argent à trois chevrons de gueules et un chef aussy d'argent chargé d'une croix potencée d'or, contournée de quatre croissants de même.

37.

20 l. — N... DE LA GARDE DE LA POMMELIE,

Porte d'azur à trois tours d'or, deux en chef et une en pointe.

38, 39.

A expliquer plus amplement.

40.

20 l. — François DE CHASTENÉT, écuyer, fils de...

Porte comme cy devant, art. 17.

––––––––––––––––––––

RÉCAPITULATION

LIMOGES

Armoiries des personnes	160	à	20 l.	. . . .	3,200 l.	
—	ville	1	à	50	. . . .	50	
—	abbayes	2	à	50	. . . .	100	
—	chapitres	2	à	25	. . . .	50	} 3,550 l.
—	couvents	4	à	25	. . . .	100	
—	prieuré	1	à	25	. . . .	25	
—	communauté	1	à	25	. . . .	25	

TULLE

Armoiries des personnes	74	à	20	. . . .	1,480 l.	
—	ville	1	à	100	. . .	100	
—	ville	1	à	50	. . . .	50	} 1,755
—	abbaye	1	à	50	. . . .	50	
—	couvents	2	à	25	. . . .	50	
—	séminaire	1	à	25	. . . .	25	

De l'autre part 251 armoiries. . . . . .   5,305 l.

BRIVES

Armoiries des personnes	14	à	20 l.	. . . .	280 l.	} 305 l.
—	couvent	1	à	25	. . . .	25	

BOURGANEUF

Armoiries des personnes	30	à	20 l.	. . .	600 l.	} 650
—	abbaye	1	à	50	. . . .	50	

297 armoiries . . . .   6,260 l.

Total six mil deux cens soixante livres et les deux sols pour livre.

Présenté par ledit Vanier à nosseigneurs les commissaires généraux du Conseil à ce qu'il leur plaise recevoir les dites armoiries et ordonner qu'elles seront registrées à l'armorial général conformément aux dits édit et arrests rendus en conséquence, même celles dans lesquelles il y a des fleurs de lis d'or sur azur, attendu que les droits à la possession en sont notoirement connus, et ce suivant l'arrest du conseil du vingt deux juillet 1693, fait à Paris ce vingt troisième jour de janvier mil six cent quatre-vingt-dix-neuf.

Signé : ALEXANDRE et DELARROC.

Les commissaires généraux députez par le Roy par arrests du conseil des quatre décembre 1696 et vingt-neuf janvier 1697 pour l'exécution de l'édit du mois de novembre précédent sur le fait des armoiries, veu l'estat cy-dessus des armoiries envoyées aux bureaux établis dans la généralité de Limoges en exécution du dit édit à nous présenté par M. Adrien Vanier chargé de l'exécution du dit édit à ce qu'il nous plaise ordonner que les armoiries expliquées au dit état seront receues et ensuite registrées à l'armorial général les feuilles jointes audit état contenant l'empreinte ou l'explication des dites armoiries, nostre ordonnance du 24 janvier dernier portant que le dit Etat et les feuilles seront montrées au procureur général de Sa Majesté, conclusions du dit sieur procureur général, ouy le rapport du sieur de Breteuil, conseiller ordinaire du Roy en son conseil d'Etat, intendant des finances, l'un des dits commissaires. Nous commissaires susd. en vertu du pouvoir à nous donné par Sa Majesté avons receu et recevons les deux cent quatre vingt-dix-sept armoiries mentionnées audit Etat, et en conséquence ordonné qu'elles seront enregistrées, peintes et blazonnées à l'armorial général, et les brevets d'ycelles délivrez conformément audit édit et arrests rendus en conséquence, et à cet effet les feuilles des armoiries jointes au dit état, et une expédition de la présente ordonnance, seront remises au sieur d'Hozier, conseiller du Roy et garde du dit armorial général, sauf à estre cy après pourvues à la réception de celles de ces armoiries qui se trouveront surcises par quelques articles de cet état.

Fait en l'assemblée des dits sieurs commissaires tenus à Paris, le vendredy vingt-sept jour de janvier mil six cent quatre-vingts-dix-neuf.

Signé : SENDRAS

Nous soussignez interessez au traitté des armoiries nommez par délibération de la compagnie du 29 août 1697 pour retirer les brevets des armoiries reconnaissons que monsieur d'Hozier nous a ce jourd'huy remis ceux mentionnez au présent état au nombre de deux cent quatre-vint-dix-sept armoiries. La finance principalle desquelles montant à six mille deux cent soixante livres prometons payer au trésor royal conformément au traité que nous en avons fait avec Sa Majesté.

Fait à Paris le vingt-six mars

Signé : CARQUEVILLE.

Les pages 198, 199, 200 sont restées en blanc, le supplément répond à la page 201.

24 juillet 1639.

G^{té} DE LIMOGES

LIMOGES
—
ANGOULÊME

12 novembre 1699

Veu

Signé : SAUVIN.

12 arm.   12 brevets.

SUPLÉMENT

ETAT D'AUCUNES DES ARMOIRIES

DONT LA RÉCEPTION A ÉTÉ SURCISE PAR LES ÉTATS, AU BAS DESQUELS SONT LES ORDON-
NANCES DE NOSSEIGNEURS LES COMMISSAIRES GÉNÉRAUX DU CONSEIL, CY-APRÈS DATTÉES.

GÉNÉRALITÉ DE LIMOGES

LIMOGES

SUIVANT L'ORDRE DU REG^{re} Ier, DE L'ÉTAT DU 31 JANVIER 1698.

4.

50 l. fleur de lis. — La ville de Belac,

Porte d'argent à un château de sable couvert d'un toit en dos d'âne flanqué de deux tours et donjonnée d'ue autre tour pavillonnées et girouettées de même, le tout sur une rivière d'azur, à un chef d'azur chargé de trois fleur de lis d'or mal ordonnées.

5.

50 l. fleur de lis. — La ville de Dorat,

Porte d'azur à trois fleurs de lis d'or et une bande abaissée de gueules chargée de trois lions d'argent.

9.

100 l. fleurs de lis. — Le corps des présidents trésoriers de France, généraux des finances, conseillers du Roy, juges et directeurs du domaine du bureau de la généralité de Limoges,

Porte party de France et de Navarre.

13.

50 l. fleur de lis. — Le corps des officiers du présidial de la ville de Limoges,

Porte party le premier de France, le second de Navarre.

14.

50 l. fleur de lis — Le chapitre de l'église cathédralle de Limoges,

Porte d'azur à cinq fleur de lis d'or, posées trois et deux.

17.

25 l. fleur de lis. — Le chapitre de l'église collégiale de Saint-Martial de Limoges,

Porte d'azur à un bust de Saint-Martial de carnation vêtu et diademé d'or, accompagné de trois fleur de lis de même, deux en chef et une en pointe.

18.

50 l. fleur de lis. — Le corps des officiers de l'élection de la ville de Limoges,

Porte d'azur à trois fleur de lis d'or, l'écu couronné à la royalle.

ANGOULÊME

SUIVANT L'ORDRE DU REG^{re} DE L'ÉTAT DU 29 AOUT 1698.

4.

100 l. fleur de lis. — La ville d'Angoulême,

Porte d'azur à deux tours d'argent massonnées de sable jointes par un mur aussy d'argent massonné et apuré d'une porte de sable surmonté d'une fleur de lis d'or, couronné à la royale de même.

14.

20 l. — La maison de Beauregard,

Porte d'azur à trois pals d'argent, un chef cousu de gueules chargé de deux faces d'or et une bande de même brochant sur le tout.

15.

20 l. — Feu Jean PANDIN, écuyer, sieur de Boisgrand,

Portait d'azur à trois pals d'argent, un chef cousu de gueules chargé de deux faces d'or et une bande de même brochant sur le tout.

95.

20 l. — Jean Dabzac, écuyer, sieur de Sermaze,

Porte d'argent à une bande d'azur et une bordure de même, chargée de huit besans d'or.

225.

20 l. — Feu Jean Gaubert, écuyer, sieur du Mornal,

Portait de gueules à une main dextre d'argent apaumée et posée en face à la pointe de l'écu, chargée dans le milieu d'un œil au naturel et tenant entre son pouce une branche de laurier de sinople, le tout surmonté d'un pélican d'argent contourné et becquetant son estomac.

———

RÉCAPITULATION

LIMOGES

Armoiries des villes	2	à	50 l.	100 l.	
— chapitres	1	à	. . . .	50	} 375 l.
	1	à	. . . .	25	
— corps	1	à	. . . . . .	100	
	2	à 50	. . . .	100	
de l'autre part 7 armoiries			. . . .	375 l.	

ANGOULÈME

Armoiries des personnes	4	à	20 l.	80 l.	} 180 l.
— ville	1	à	. . . .	100	
	12		. . . . . .	555 l.	

Présenté par M. Adrien Vanier chargé de l'exécution de l'édit du mois de novembre mil six cent quatre vingt seize à *nosseigneurs les commissaires généraux* du conseil, à ce qu'il leur plaise recevoir les d. armoiries et ordonner qu'elles seront enregistrées à l'armorial général conformément aux édit et arrest rendus en conséquence, même celles dans lesquelles il y a des fleurs de lis d'or sur azur, attendu que le droit à la possession en sont notoirement connus et ce suivant l'arrest du conseil du 22 juillet 1698 fait à Paris ce septième jour de juillet mil six cent quatre vingts dix neuf.

Signé : ALEXANDRE DELARROC.

Les commissaires généraux députez par le Roy pour l'exécution de l'édit du mois de novembre 1696 sur le fait des armoiries par arrest du conseil des quatre décembre en suivant et 29 janvier 1697,

Veu par nous l'estat cy-dessus présenté par ledit Vannier aux fins y contenus notre ordonnance de soit montré du 8 de ce mois, conclusions du procureur général de la commission, ensemble l'arrest du Conseil du 22 juillet 1698 au sujet des armoiries dans lesquelles il y a des fleurs de lys d'or, en champ d'azur, ouy le raport du s. de Breteuil, conseiller ordinaire du Roy en son conseil d'Estat, intendant des finances l'un de nous :

Nous commissaires susd. en vertu du pouvoir à nous donné par Sa Majesté, avons reçeues et recevons les *douze armoiries* mentionnées au dit Estat, même celles dans lesquelles il y a des fleur de lys d'or en champ d'azur, en conséquence ordonnons que lesd. armoiries seront enregistrées peintes et blasonnées à l'armorial général et les brevets d'icelles délivrez conformément aud. édit et aux arrests rendus en conséquence, et à cet effet les feuilles desd. armoiries et une expédition de la présente ordonnance seront remises au sieur d'Hozier, conseiller du Roy, garde de l'armorial général, fait en l'assemblée desdits commissaires tenue à Paris le vingt quatre juillet mil six cent quatre vingt dix-neuf.

SENDRAS.

Nous soussignez intéressez au traité des armoiries nommés par délibération de la Compagnie du 29 août 1697 pour retirer les brevets desd. armoiries reconnaissons que monsieur d'Hozier nous a cejourdhuy remis ceux mentionnez au présent état au nombre *de douze armoiries*. La finance principale desquelles montant a *cinq cens cinquante cinq livres.*

Prometons payer au Trésor Royal conformément au traité que nous en avons fait avec Sa Majesté.

Fait à Paris ce 12 novembre 1699.

Signé : CARQUEVILLE.

Les pages 209, 210, 211, 212, du manuscrit de d'Hozier sont restées en blanc.
La généralité de Limoges reprend à la page 213,

25 janvier 1700
—
GN^{té} DE LIMOGES

ANGOULÊME
—
TULLE
—
Veu le 1er août 1700.

bon

Signé : SAUVIN.

112 arm. en 111 brevets.

168 n^{os}.

ETAT DES ARMOIRIES

DES PERSONNES ET COMMUNAUTEZ CY-APRÈS DÉNOMMÉES, ENVOYÉES AUX BUREAUX ÉTABLIS PAR
M. ADRIEN VANIER CHARGÉ DE L'EXÉCUTION DE L'ÉDIT DU MOIS DE NOVEMBRE 1696, POUR
ESTRE PRÉSENTÉES A NOSSEIGNEURS LES COMMISSAIRES GÉNÉRAUX DU CONSEIL, DÉPUTEZ PAR SA
MAJESTÉ, PAR ARREST DES QUATRE DÉCEMBRE AU DIT AN, ET VINGT-TROIS JANVIER 1697.

GÉNÉRALITÉ DE LIMOGES

LIMOGES

SUIVANT L'ORDRE DU REG^{re} 1er.

324, 325, 326, 327, 328, 329, 330, 331, 332, 333.

A expliquer plus amplement.

334.

20 l. — N... DE CHAUTOIS DE CAUMOUNERIE, écuyer,

Porte d'argent à un chevron de gueules accompagné de trois tourteaux de même,
deux en chef et un en pointe.

335, 336.

A expliquer plus amplement.

337.

20 l. — N... MALEDANT DU PUY IMBERT, procureur au Roy aux traites
foraines de Limoges,

Porte d'azur à trois lions passants d'or l'un et l'autre.

338, 339, 340.

A expliquer plus amplement.

341.

20 l. — Pierre Dubois, bourgeois de Limoges,

Porte d'or à un arbre de sinople et une bordure de gueules chargée de huit boucles d'argent.

342.

20 l. — N... de Marmond, veuve,

Porte d'azur à un chérubin d'or en chef, deux trèfles d'argent posez en face et un cœur au naturel posé en pointe et chargé d'un trèfle d'argent.

343, 344, 345.

A expliquer plus amplement.

346.

20 l. — N... de Mouverade, juge du bourg de Nexon,

Porte d'argent à deux chevrons d'azur accompagnez de trois croissants de même, deux en chef et un en pointe.

347, 348, 349, 350.

A expliquer plus amplement.

351.

20 l. — N... de Vilautreix, écuyer, sieur du Faye,

Porte d'azur à un chevron surmonté d'un croissant et accompagné en chef de deux étoiles et en pointe d'une rose, le tout d'or.

352.

20 l. — N... Dupin de Picardie le jeune, écuyer,

Porte d'argent à trois bourdons de gueules.

353, 354, 355, 356, 357.

A expliquer plus amplement.

358.

20 l. — N... marquis de Lastour, écuyer, seigneur dudit lieu,

Porte de sinople à trois coquilles d'argent, deux et une, et un chef d'argent chargé de trois coquilles de sable.

359.

20 l. — N... Lamard, sieur de Bariasson,

Porte de gueules à un lion léopardé d'argent et un chef cousu d'azur chargé de trois cœurs d'argent.

360, 361, 362, 363, 364, 365.

A expliquer plus amplement.

366.

20 l. — N... Ruaud, chanoine théologal de Saint-Junien,

Porte d'or à un aigle de sable à deux têtes.

367 jusques et compris 384.

A expliquer plus amplement.

385.

20 l. — Joseph Lenemand,

Porte de gueules à un cœur sommé d'une croix haussée, accostée de deux étoiles, une à chaque flanc; le tout d'argent.

386.

20 l. — Pierre Lenemand,

Porte de même.

387 jusques et compris 395.

A expliquer plus amplement.

396.

20 l. — Jacques David, bourgeois de Limoges,

Porte d'azur à un David sufoquant un lion qu'il tient par les deux mâchoires surmonté d'une harpe et soutenu d'une mer, le tout d'argent.

397 jusques et compris 400.

A expliquer plus amplement.

401.

20 l. — N... de Monjaufré, écuyer,

Porte d'azur à un agneau d'argent.

402.

20 l. — Jacques de Villautreix, écuyer, sieur de la Judie,

Porte d'azur à un chevron d'or surmonté d'un croissant d'argent et accompagné en chef de deux étoiles de même et en pointe d'une rose aussy d'argent.

403, 404.

A expliquer plus amplement.

405.

20 l. — N... GUITARD DE VILLEJOUBERT DE MONJAUFRÉ,

Porte d'azur à un agneau d'argent.

406.

20 l. — N... FINGEAT, écuyer,

Porte d'azur à un chevron accompagné en chef de deux étoiles et en pointe d'un croissant, le tout d'argent.

407 jusques et compris 431.

A expliquer plus amplement.

432.

25 l. — Le couvent de Beuil.

Porte d'azur à trois fasses ondées d'argent et un chef cousu de gueules.

433 jusques et compris 439.

A expliquer plus amplement.

440.

50 l. fleur de lis. — La maison de ville de Limoges.

Porte de gueules à un bust de Saint Martial de carnation vêtu et diademé d'or, acosté des lettres S et M à l'antique de même et un chef cousu d'azur chargé de trois fleurs de lis d'or.

441 jusques et compris 449.

A expliquer plus amplement.

450.

20 l. — N... DU PRÉ, curé de Vic,

Porte de gueules à une face d'or accompagnée de trois tréfles de même, deux en chef et une en pointe.

451, 452, 453.

A expliquer plus amplement.

454.

20 l. — N....., vicomte d'Auberoche,

Porte de gueules à une tour d'argent et une bordure d'azur chargée de huit besans d'or.

455 jusques et compris 463.

A expliquer plus amplement.

464.

20 l. — N... Lagrange, de la ville de Pierre Buffière,

Porte d'azur à une grange ou maison champêtre d'argent massonnée de sable, sur-montée de trois chérubins de carnation, ailez d'argent.

465 jusques et compris 483.

A expliquer plus amplement.

484.

20 l. — Joseph Chauvet, chevalier de Nantiat, Lage, Enval et Peille-Chavant,

Porte d'argent à neuf merlettes de gueules posées trois, trois et trois.

485 jusques et compris 495.

A expliquer plus amplement.

496.

20 l. — Martial Joseph Vetelay, sieur de Beaurepade, juge séné-chal de la ville de Magnac,

Porte party au premier d'azur à un chevron accompagné en chef de deux étoiles et en pointe d'un croissant, le tout d'or, au second d'argent à une bande de sinople accompagnée de deux croix de même, une en chef et une en pointe.

497 jusques et compris 519.

A expliquer plus amplement.

520.

20 l. — N... de Pellet, écuyer, sieur de Forville,

Porte d'azur à trois barres d'or, chargée de six tourteaux de sable, une sur la pre-mière, trois sur celle du milieu et deux sur la dernière.

521 jusques et compris 533.

A expliquer plus amplement.

534.

20 l. — François Charon, avocat au parlement,

Porte de gueules à un chevron d'or surmonté d'une étoile de même, et accompagné de trois chats accroupis d'argent, deux en chef et un en pointe.

535, 536, 537.

A expliquer plus amplement.

538.

20 l. — N... DES FLOTTES, sieur de Leschausier, conseiller au siège présidial de Limoges,

Porte party au premier de sable à un navire d'or flottant sur des ondes d'argent et un chef d'argent chargé de trois étoiles d'azur, au second d'azur à trois coqs d'argent créttez et membrez d'or, deux en chef et un en pointe.

539, 540, 541.

A expliquer plus amplement.

542.

20 l. — N... COURTOYS, juge de Masseré,

Porte d'argent à cinq merlottes de sable, une au costé dextre du chef, deux en face et deux en pointe, et le second canton de gueules.

ANGOULÊME

SUIVANT L'ORDRE DU REG^re 1er.

285 jusques et compris 294.

A expliquer plus amplement.

295.

20 l. — N... veuve de N... VAUTONGRE, bourgeois,

Porte party au premier d'or à trois têtes de lion arrachées de sable, lampassées de gueules deux et une, et au deuxième de gueules à un renard rampant d'argent.

296, 297,

A expliquer plus amplement.

298.

20 l. — Jean DE BUSSAC, marchand et bourgeois de la ville d'Angouleme,

Porte d'azur à un arbre d'or.

299, 300, 301.

A expliquer plus amplement.

302.

20 l. — Pierre BOISSON, écuyer, sieur de Lavaux-Boisjolly,

Porte de gueules à un poisson d'argent posé en pal et un chef cousu d'azur, chargé de trois étoiles d'or.

303 jusques et compris 312.

A expliquer plus amplement.

313.

20 l. — Marie DE LIVÈNE, femme de N... Chenon de St-Hermine,

Porte d'argent à une face de sable lozangée d'or, accompagnée de trois étoiles de sable, deux en chef et une en pointe.

314.

20 l. — Pierre CHENEVIÈRE, officier de la bourgeoisie d'Angoulême,

Porte d'azur à un chevron d'or accompagné en pointe d'un croissant d'argent et un chef d'argent chargé d'une moucheture d'hermine de sable et accostée de deux étoiles de gueules.

315 jusques et compris 331.

A expliquer plus amplement.

332.

20 l. — Jean PRÉVERAULT, sieur Du Pas, juge sénéchal à Saint-Cybart-lez-Angoulême, et conseiller pair de l'échevinage de ladite ville,

Porte d'azur à un chevron accompagné de trois grenades, deux en chef et une en pointe, les deux du chef surmontées chacune d'une étoile et celle de la pointe soutenue d'un croissant, le tout d'argent.

333.

A expliquer plus amplement.

334.

20 l. — David PRÉVERAULT, sieur de Villecerve, conseiller pair de la ville d'Angoulême,

Porte comme cy devant, art. 332.

335, 336.

20 l. — Jean LIMOUSIN père, Louis LIMOUSIN fils,

Portent d'argent à cinq croisettes de sable posées en sautoir.

337.

20 l. — Jean François Yrieix DES AMAUX, avocat, conseiller pair,

Porte d'argent à un cœur de gueules surmonté d'un pigeon de même.

338.

A expliquer plus amplement.

339.

20 l. — Clément FORGERIN, conseiller et substitud du procureur du Roy, ajoint aux enquestes en l'élection d'Angoulême et premier postulant au présidial et en la dite élection,

Porte d'or à un chesne arraché de sinople accosté en chef de deux étoiles de gueules et en pointe de deux roses de même, tigées et feuillées de sinople et courbées vers l'arbre.

340, 341, 342, 343, 344.

A expliquer plus amplement.

345.

20 l. — Pierre ARNAULT, conseiller du Roy, garde minutes dans la chancellerie du présidial d'Angoulême,

Porte d'azur à un croissant d'or surmonté d'une étoile de même.

346.

20 l. — François Geoffroy BOISSEAU, avocat en la cour et lieutenant de milice bourgeoise de la ville d'Angoulême,

Porte d'azur à un aigle éployé d'argent et un bâton en bande racourcy brochant sur le tout.

347, 348, 349, 350, 351, 352, 353, 354, 355.

A expliquer plus amplement.

356.

20 l. — François BORDAGES, capitaine de la milice bourgeoise de la ville d'Angoulême,

Porte d'argent à un chevron de gueules, accompagné en chef de deux croisettes de même et en pointe d'un lion aussy de gueules et une bordure de même chargée de roses d'argent sans nombre.

357, 358.

A expliquer plus amplement.

359.

20 l. — Jean AULTIER, avocat et colonel de la bourgeoisie d'Angoulême,

Porte d'azur à six étoiles d'argent, posées trois, deux et une.

360 jusques et compris 370.

A expliquer plus amplement.

371.

20 l. — François Joseph LA ROCHEFOUCAULT, chevalier, seigneur de Monmont, capitaine au régiment de Navarre,

Porte burellé d'argent et d'azur de dix pièces et trois chevrons de gueules brochant sur le tout.

372 jusques et compris 385.

A expliquer plus amplement.

386.

20 l. — ... BEAUPOIL St-AULAIRE, marquise de Fénelon,

Porte de gueules à trois couples d'argent, deux en chef et un en pointe.

SUIVANT L'ORDRE DU REG^{tre} 2e.

N°s 1, 2, 3.

A expliquer plus amplement.

4.

20 l. — Cristophe GALLIOT, capitaine de milice bourgeoise de Loumeau d'Angoulême,

Porte d'azur à un chevron accompagné en chef de deux étoiles et en pointe d'un galion équipe, le tout d'argent.

5 jusques et compris 12.

A expliquer plus amplement.

13.

20 l. — Marc GOURDIN, écuyer, sieur du Puy, chanoine de l'église cathédrale d'Angoulême,

Porte d'azur à un calice d'or, sommé de deux colombes affrontées d'argent beuvant dans le calice surmonté d'un croissant de même.

14 jusques et compris 20.

A expliquer plus amplement.

21.

40 l. — Feu... DE GALLARD DE BEARN, comte de Brassac et N...
DE SAINTE-HERMINES, sa femme,

Portent écartelé au premier et quatrième d'argent à trois corneilles de sable bequées et membrées de gueules, au deuxième et troisième d'or à deux vaches passan-
tés de gueules accolées, acornées et clarinées d'azur, *acolé* d'hermines.

22.

A expliquer plus amplement.

23.

20 l. — Pierre DU PORT, sieur de la Faye, bourgeois de la Valette,

Porte d'azur à un lion d'or lampassé de gueules et surmonté d'un bezan d'or.

24.

20 l. — Antoine GROSLON, procureur au présidial d'Angoulême et
lieutenant de la milice bourgeoise dudit Angoulême,

Porte d'azur à une ancre d'argent chargée d'un cœur de gueules percé de deux
flèches passées en sautoir d'argent.

25.

20 l. — René DE VILLEMANDIE, médecin,

Porte d'azur à un chevron d'or, accompagné en chef de trois étoiles d'argent et en
pointe, d'un cœur d'or enflamé de gueules.

26, 27, 28, 29, 30, 31, 32.

A expliquer plus amplement.

33.

20 l. — Suzanne GREIN, femme de Jacques MOREL, écuyer, sieur
de la Chebaudie,

Porte de gueules, à trois demy vols échiquetés d'argent et de sable.

34.

20 l. — Louis DE MOREL, écuyer, sieur de Loche,

Porte écartelé, au premier et quatrième d'or à trois fleurs de lis d'azur, deux et
une, au deuxième et troisième d'argent à un aigle éployé de sable.

35 jusques et compris 64.

A expliquer plus amplement.

65.

20 l. — Renée DE LA COUTURE-VENON, femme de François MIHÉE, écuyer, sieur de Jaruerseu,

Porte d'or, fretté de gueules.

65 *bis.*

50 l. — L'abbaye de GROBOST,

Porte d'azur à une Notre-Dame d'argent.

66.

20 l. — N... TENET, prestre curé de Charve,

Porte d'argent à deux léopards de sable, un sur l'autre, chacun tenant en sa patte dextre trois roses en bouquet de gueules tigées et feuillées de sinople.

67 jusques et compris 77.

A expliquer plus amplement.

78.

20 l. — Marguerite GERAULT, veuve de François DE GOULARD, chevalier, seigneur, baron de la Faye,

Porte d'azur à une face d'or, accompagnée de trois coquilles de même, deux en chef et une en pointe.

79, 80.

A expliquer plus amplement.

81.

20 l. — N... VIVIER, prestre curé de Linars,

Porte d'azur à une gerbe de gueules liée et la lieure terminée en deux cœurs de pourpre apointez, un de chaque costé.

82, 83, 84, 85, 86.

A expliquer plus amplement.

87.

20 l. — N..., femme de N... FAUBERT, écuyer, sieur de Doyer,

Porte d'argent à trois faces ondées de gueules.

88, 89, 90, 91, 92.

A expliquer plus amplement.

93.

20 l. — Léonard LAMBERT, écuyer, seigneur de Desgache,

Porte d'azur à un phénix sur son bûcher et regardant un soleil, le tout d'or.

94.

20 l. — Jean DE LA ROCHEFOUCAULT, chevalier, seigneur de Maignat.

Porte burelé d'argent et d'azur de dix pièces, à trois chevrons de gueules brochant sur le tout.

95 jusques et compris 103.

A expliquer plus amplement.

104.

40 l. — Louis ESCHALARD, chevalier, seigneur de Genouillé et Suzanne-Aimée LE FRANC, sa femme,

Portent d'azur à un chevron d'or d'azur, *acolé* à cinq larmes d'argent posées en sautoir.

105, 106, 107.

A expliquer plus amplement.

108.

20 l. — Daniel JOUBERT, sieur de la Vergne,

Porte d'azur à un arbre appelé verne d'argent.

109.

A expliquer plus amplement.

110.

20 l. — Louis REGNAUD, écuyer, sieur de Seces,

Porte d'argent à deux faces de gueules, accompagnées de six molettes de sable, trois, deux et une.

111, 112, 113.

A expliquer plus amplement.

114.

20 l. — Jean LA BARRIÈRE, sieur de Loches,

Porte d'azur à une bande d'argent, chargée de trois moucheturves d'hermine.

115, 116.

A expliquer plus amplement.

117.

20 l. — Marguerite Bonque, femme de Paul de Paris, écuyer, sieur de L'Espineuil,

Porte de gueules, à une licorne saillante d'argent.

118 jusques et compris 127.

A expliquer plus amplement.

128.

20 l. — Jouachim Rataud, écuyer, sieur des Arnaux,

Porte d'azur à un sautoir d'or, accompagné d'une molette de même en chef, de deux étoiles d'argent, une à chaque flanc et en pointe d'un croissant de même.

TULLE

SUIVANT L'ORDRE DU REGISTRE 1er

122.

20 l. — François Farge de la Sallesse,

Porte de gueules à une gerbe d'or.

123.

20 l. — N... de la Bonne, prestre curé de Vitrat,

Porte d'azur à une croix d'or.

124.

20 l. — N... Montmord, prestre curé de St-Hilaire-Foyssat,

Porte de sable à trois croix d'argent, deux et une.

125.

20 l. — Pierre Lachaud de la Borde, bourgeois de Meymac,

Porte d'argent, à un mouton de sable paissant et un chef d'azur chargé de trois étoiles d'or.

126.

20 l. — Antoine Chabrarye, bourgeois de Meymac,

Porte de gueules à trois pots d'argent, deux et un.

127.

20 l. — Vincent Braconot, prestre curé de Saint-Martin Lameaux,

Porte d'azur, à un bras d'argent et un chef de gueules chargé d'une croix d'or, accostée de deux étoiles de même.

128.

20 l. — N... Tramont, prestre curé de Ladignac,

Porte de sable à une croix d'argent.

129, 130.

A expliquer plus amplement.

131.

20 l. — Jean-Jacques Bourjade, bourgeois de Saint-Merd de Gemel,

Porte d'argent, à un moulin à vent de sable, à un chef d'azur chargé d'un croissant d'argent.

132.

20 l. — Antoine Garnier, juge de Lestrange de la Bastide,

Porte d'azur, à une face d'or.

133.

20 l. — Antoine La Combe, prestre curé de Saint-Martin de Laval,

Porte d'azur à un arbre de sinople.

134, 135.

A expliquer plus amplement.

136.

20 l. — Etienne du Faure, médecin à la Roshe,

Porte d'azur à un cœur d'or enflammé de même, surmonté d'un aigle d'argent regardant un croissant d'or.

137.

20 l. — Pierre du Faure, prestre curé de Groshastang,

Porte de même.

138, 139, 140.

A expliquer plus amplement.

141.

20 l. — Jean Chauveau, sieur de la Cour,

Porte d'azur à un aigle éployé d'argent cantonné de quatre étoiles de même

142.

20 l. — Jean NICOLES, bourgeois de Treignac,
Porte d'argent, à une pomme de pin de sable.

143.

20 l. — Jacque DE LACHAUD, médecin à Treignac,
Porte d'argent à un châtaigner de sinople, fruité de même.

144.

A expliquer plus amplement.

145.

20 l. — N... MORNAC, médecin de la ville d'Ussel,
Porte d'or, à une branche de laurier de sinople posée en pal, le bout se courbant à dextre surmontée de trois étoiles de gueules rangées en chef.

146, 147, 148.

A expliquer plus amplement.

149.

20 l. — N... SEUGNIAC, bourgeois de Liginiac,
Porte de gueules à un lion d'argent.

150, 151, 152, 153, 154, 155, 156, 157.

A expliquer plus amplement.

158.

20 l. — N... MONTEIL, bourgeois de la par. de Margeride,
Porte d'argent, à une montagne de sable, à un chef d'azur chargé de trois étoiles d'or.

159, 160, 161, 162, 163.

A expliquer plus amplement.

164.

20 l. — N... FUZILLAC, juge de Portdieu,
Porte de gueules à deux fusils d'argent passez en sautoir.

165, 166.

A expliquer plus amplement.

167.

20 l. — N... Bonnet, bourgeois de la paroisse de Valurgues,
Porte d'azur à un bonnet d'argent.

168, 169, 170.

A expliquer plus amplement.

171.

20 l. — Pierre Chambout, prestre curé de Saint-Germain le Lièvre,
Porte de sable, à trois croix d'argent deux et une.

172.

A expliquer plus amplement.

173.

20 l. — Antoine Despons de la Borderye, bourgeois de la Pléau,
Porte mi-party au 1er de gueules à une face d'or accompagnée en chef de trois étoiles d'or, et en pointe d'une rose d'argent, et au deuxième d'azur à un chevron d'argent surmonté d'un croissant d'or et accompagné en chef de deux étoiles de même et en pointe d'une canne d'argent dans une eau de même.

174, 175, 176, 177, 178, 179.

A expliquer plus amplement.

180.

20 l. — Léonard Duval, sieur de la Guiraude, bourgeois de Eyrein,
Porte d'azur à un chevron d'argent, accompagné en pointe d'un croissant de même et un chef de gueules chargé de trois étoiles d'argent.

181, 182.

A expliquer plus amplement.

183.

20 l. — Martial Lagarde, conseiller du Roy, clerc et doyen des conseillers du présidial de Tulle,
Porte d'azur à un pal d'or cotoyé de six étoiles de même, et une bande de gueules brochant sur le tout.

184, 185.

A expliquer plus amplement.

186.

20 l. —- Jean D<small>ELAMARTINYE</small>, bourgeois de Lignac,
Porte de gueules à trois étoiles d'argent, deux et une.

187, 188, 189, 190, 191, 192.

A expliquer plus amplement.

193.

20. — Gabriel F<small>ARGE</small>, sieur du Mas, bourgeois de Treignac,
Porte d'azur à une croix alaizée d'argent entourée de quatre croisettes de même et un chef de gueules chargé de trois étoiles d'argent.

194, 195, 196, 197, 198, 199, 200, 201.

A expliquer plus amplement.

202.

20 l. — Jacques C<small>HAPELLART</small>, bourgeois de Treignac,
Porte d'azur à une chapelle avec son clocher de sable garny de trois cloches d'argent.

203.

20 l. — N... <small>DE</small> F<small>ARGE</small>, prestre curé Dufliou,
Porte d'azur à trois larmes d'argent, deux et une.

204, 205, 206, 207, 208.

A expliquer plus amplement.

209.

20 l. — Jacques S<small>ERVE</small>, lieutenant de la justice de Saint-Silvain,
Porte d'azur à un lion d'or.

210.

20 l. — Claude V<small>IGIER</small>, prestre curé de Mercœur,
Porte d'argent à un arbre de sinople et un chef d'azur chargé de trois étoiles d'or.

211.

20 l. — Jacques D<small>URFORT</small>, bourgeois de Goulle,
Porte de gueules à une tour d'argent à un chef d'azur, chargé de deux étoiles d'or.

212, 213, 214, 215, 216.

A expliquer plus amplement.

217.

50 l. — Le corps de l'élection de Tulle.
Porte d'azur à trois fleurs de lis d'or, deux et une.

218, 219.

A expliquer plus amplement.

220.

20 l. — Jean MEILLAC, avocat et bourgeois de Saint-Cirgues,
Porte d'azur à trois canards, deux et un.

221, 222, 223.

A expliquer plus amplement.

224.

20 l. — Louis BERGEAU, bourgeois de Reillac-Xaintrye,
Porte d'argent semé de chataignes de sable.

225.

20 l. — Jacques DE SERMENTY, juge de Davignac,
Porte d'azur à un coq d'argent creté et barbé de gueules.

226.

20 l. — N... FILLIOL, bourgeois de Reillac-Xaintrye,
Porte de gueules à trois flambeaux d'argent.

227, 228, 229.

A expliquer plus amplement.

230.

20 l. — Jean-Baptiste DURAND, bourgeois de Tulle,
Porte de gueules à trois épis d'or, deux et un, et un chef de gueules chargé de trois croissants d'argent.

231, 232, 233, 234, 235, 236.

A expliquer plus amplement.

237.

20 l. — N... DE BAR, prieur de la chapelle de Saint-Géraud,
Porte facé d'or et d'azur.

238 jusques et compris 249.

A expliquer plus amplement.

250.

20 l. — N... Terriou de la Fond, bourgeois de Courrèze,

Porte d'argent à un rameau d'olivier de deux branches de sinople.

251.

20 l. — N... Terriou de la Fierre, bourgeois de Courrèze,

Porte d'argent à un lion de gueules.

252, 253, 254, 255, 256, 257, 258, 259.

A expliquer plus amplement.

260.

25 l. — Les révérends pères Jésuites de Tulle,

Portent d'azur à un nom de *Jésus* d'or enfermé dans un cercle ovale rayonnant de même.

261.

25 l. — La Communauté des prestres de Saint-Jullien de Tulle,

Porte de même.

262 jusques et compris 280.

A expliquer plus amplement.

281.

20 l. — Jean-François de Pommiers, écuyer, seigneur de la Boissière (de la Bernardye),

Porte party au premier de gueules à trois faces d'or et un chef d'azur chargé de trois étoiles d'or et au deuxième d'azur à un lion d'or armé et lampassé de gueules.

282 jusques et compris 314.

A expliquer plus amplement.

RÉCAPITULATION

LIMOGES

Armoiries des personnes 26	à 20 l.	520 l.	}	
Couvent	1 à	25	} 595 l.	
Corps	1 à	50	}	

ANGOULÊME

Armoiries des personnes 40	à 20 l.	800 l.	} 850 l.
Abbaye	1 à	50	}

69   1445 l.

TULLE

Armoiries des personnes 40	à 20 l.	800 l.	}
Corps	1 à	50	} 900 l.
Communautés	1 à 25 l.	50	}

112   2345 l.

Total : deux mil trois cens quarante-cinq livres et les deux sols pour livre.

PRÉSENTÉ par le dit Vanier à nosseigneurs les commissaires généraux du Conseil à ce qu'il leur plaise recevoir les dites armoiries et
ordonner qu'elles seront registrées à l'Armorial général conformément aux dits édit et arrests rendus en conséquence même celles
dans lesquelles il y a des fleur de lis d'or sur azur, attendu que le
droit à la possession en sont notoirement connus, et ce suivant l'arrest du Conseil du vingt-deux juillet mil six cent quatre-vingt-dix-
huit, fait à Paris ce vingt-neuvième jour d'avril mil sept cent.

Signé : ACCAULT *et* DE LARROC.

LES COMMISSAIRES GÉNÉRAUX députez par le Roy par arrests du conseil des 4 décembre 1696, et 29 janvier 1697 pour l'exécution de
l'Édit du mois de novembre précédent sur le fait des armoiries.
Veu par nous l'Estat cy-dessus présenté par le dit Vannier aux fins
y contenues, les feuilles jointes au dit Estat, notre ordonnance de
soit monstré du 29 avril dernier, conclusions du procureur général
de la Commission, ouy le raport du sieur Breteuil, cons^{er} ord^{re} du

Roy en son conseil d'Estat et intendant des finances l'un des d. commissaires.

Nous commissaires susdits en vertu du pouvoir à nous donné par Sa Majesté avons reçû et recevons les cent douze armoiries expliquées au dit estat en conséquence ordonnons qu'elles seront enregistrées, peintes et blazonnées à l'armorial général et les brevets d'icelles délivrez conformément au dit édit et aux arrests rendus en conséq. et à cet effet les feuilles desd. armoiries et une expédition de la présente ordonnance seront remises au sʳ d'Hozier, consᵉʳ du Roy, garde de l'Armorial général, fait en l'assemblée desdits sʳˢ commissaires tenue à Paris, le vingt-cinqᵉ jour de juin 1700.

Signé : SENDRAS.

Nous soussignez interessez au traitté des armoiries, nommez par délibᵗⁱᵒⁿ de la Compagnie du 29 août 1697 pour retirer les brevets de ces armoiries, reconnaissons que monsieur d'Hozier nous a ce jourd'hui remis ceux mentionnez au présent état, au nombre de cent douze armoiries. La finance principalle desquelles montant à deux mil trois cent quarante-cinq livres, promettons payer au trésor royal, conformément au traité que nous en avons fait avec Sa Majesté.

Fait à Paris, ce prᵉʳ aoust 1700.

Signé : CARQUEVILLE.

LIMOUSIN   1 arm. 1 brevet.
1 l. 10 s.

SUPLÉMENT

ETAT D'AUCUNES ARMOIRIES

DONT LA RÉCEPTION A ÉTÉ SURCISE PAR L'ÉTAT DU 31 JANVIER 1698, AU BAS DUQUEL EST
L'ORDONNANCE DE NOSSEIGNEURS LES COMMISSAIRES GN'RAUX DU CONSEIL.

Veu le 24 mars mil sept
cent un.

Bon.   *Signé :*
S\UVIN.

GÑALITÉ DE LIMOGES

LIMOGES

SUIVANT L'ORDRE DU REGISTRE 1er

24.

20 l. — Jean-Baptiste TEXANDIER, écuyer, seigneur de l'Aumos-
nerie, greffier en chef au bureau des finances et chambre du domaine
de la généralité de Limoges,

Porte d'azur à une tour d'argent accompagnée en chef d'une fleur de lis d'or et de
trois estoiles de même, posées deux aux flancs et une en pointe.

RÉCAPITULATION

Armoiries des personnes 1 à . . . .   20 l.

Total vingt livres et les deux sols pour livre.

Présenté par M. Adrien Vanier chargé de l'exécution de l'édit du
mois de novembre 1696 à nosseigneurs les commissaires généraux
du conseil à ce qu'il leur plaise recevoir lesd. armoiries et ordonner
qu'elles seront enregistrées à l'armorial général conformement audits
édit et arrests rendus en conséquence, même celles dans lesquelles

il y a des fleurdelis d'or en champ d'azur, attendu que le droit à la possession en sont notoirement connus et ce suivant l'arrest du conseil du 22 juillet 1698.

Fait à Paris, ce vingt-trois^ie décembre 1700.

Signé : ALEXANDRE et DE LARROC.

LES COMM^res GÉNÉRAUX députez par arrest du conseil du 4 décembre 1696, 29 janvier 1697 pour l'exécution de l'édit du mois de novembre précédent sur le fait des armoiries.

Veu une ordonnance cy-dessus du 28 janvier dernier l'avis du s^r d'Hozier, con^er du Roy, garde de l'armorial gñal du 31 dud. mois sur la notoriété du droit et de la possession de porter par led. s^r Texandier une fleur de lis d'or au champ d'azur dans les armes. conclus^ons définitives du procureur gñal de la Commission.

Ouy le raport du sieur de Breteuil, cons^er ord^re du Roy en son cons^el d'Estat et intendant des finances l'un de nous.

Nous commissaires susd. en vertu du pouvoir à nous donné par Sa Majesté en conséq^ce de l'avis dudit sieur d'Hozier avons receues et recevons les armoiries dud. sieur Texandier, ordonnons qu'elles seront enregrées, peintes et blasonnées à l'armorial gñal et le brevet d'ycelles délivré conformément à l'édit du mois de novembre et arrests rendus en exécution, à l'effet de quoy une expédition de l'Estat cy-dessus et de la prñte ordonnance ensemble la feuille de présentation des armoiries du s^r Texandier seront remis aud. s^r d'Hozier.

Fait en l'assemblée desd. commissaires, tenue à Paris, le vendredy dix-huit février, mil sept cent un.

Signé : SENDRAS.

Nous soussignez intéressez au traitté des armoiries nommez par delibõn de la compagnie du 29 août 1697 pour retirer les brevets desd. armoiries, reconnaissons que monsieur d'Hozier nous a cejourd'huy remis ceux mentionnez au présent Etat au nombre de une armoirie, la finance principalle de laquelle montant à vingt livres promettons payer au trésor royal, conform^t au traitté que nous en avons fait avec Sa Majesté, fait à Paris, le vingt-quatre mars mil sept cent un.

Signé : CARQUEVILLE.

<hr />

Les pages 261, 262, 263, 264 du manuscrit sont en blanc.

LIMOUSIN 69 arm. 69 brevets
103 l. 10

SUPLÉMENT D'ARMOIRIES

ETAT DES NOMS ET QUALITÉS

DES PERSONNES ET COMMUNAUTÉS DONT LES ARMOIRIES ONT ÉTÉ PORTÉES ÈS BUREAUX ÉTABLIS PAR Me ADRIEN VANIER, CHARGÉ DE L'EXÉCUTION DE L'EDIT DU MOIS DE NOVEMBRE 1696, LA RÉCEPTION DES QUELLES ARMOIRIES A ÉTÉ SURCISE PAR LES ÉTATS CI-APRÈS DATEZ, PARCEQUE LE BLASON EN EST SI MAL FIGURÉ OU EXPLIQUÉ QU'IL EST IMPOSSIBLE DANS L'ÉTAT OÙ ELLES SONT, DE LES CONNAITRE SUFISAMENT POUR LES RECEVOIR ET LES ENREGISTRER A L'ARMORIAL GÉNÉRAL.

GÉNÉRALITÉ DE LIMOGES

SUIVANT L'ORDRE DU REGISTRE Ier DE L'ÉTAT DU 31 JANVIER 1698.

Veu par nous, Charles d'Hozier, conser du Roy, généalogiste de sa maison, garde de l'armorial général de France et chevalier de la Religion et des ordres militaires de Saint-Maurice et de Saint-Lazare de Savoye le présent état de suplement d'armoiries et l'ordonnance donnée en conséquence 3e de juillet de l'année courante 1699, par messieurs les commissaires généraux à ce députés, par laquelle il nous est enjoint de donner notre avis sur les armoiries qui peuvent estre accordées ou supprimées a chacune des personnes et autres dénommées dans le dt Etat et dans les conclusions de monsieur le procureur général de la commission au nombre de soixanteneuf armoiries nous estimons que l'on peut regler et disposer en cette sorte les d. armoiries ainsi qu'il suit, savoir :

47.

20 l. — Simon DAURAT, marchand drapier à Limoges,

47.

Ecartelé d'argent par un trait de gueules, au 1er à trois marteaux de gueules 2-1, au 2 et 3 à trois croix d'azur et au 4 à trois faces de gueules.

8

62.

20 l. — Anne DE PONS, s^r de Soulière,

62.

D'argent à une face bandée d'or et de gueules de six pièces.

72.

20 l. — N..., veuve de N... DORAT, bourgeois de Limoges,

72.

Ecartelé d'argent par un trait de gueules, au 1er à trois marteaux de gueules 2 et 1, au 2 et 3 à trois croix d'azur 2 et 1 et à 4 à trois faces de gueules.

DE L'ÉTAT DU 27 FÉVRIER 1699.

159.

25 l. — Le Séminaire de Limoges,

159.

D'azur à un *Maria* d'or entouré d'une ovale rayonnante de même.

166.

20 l. — Jean PÉTINIAUD, marchand à Limoges,

166.

D'argent à un arbre de sinople terrassé de même, chargé à dextre sur la plus haute de ses branches d'un nid d'or, vers lequel vol en bas un oiseau de sable portant en son bec de la mangeaille à ses petits de même.

180.

25 l. — Le Chapitre de la ville de Saint-Léonard,

180.

D'azur à un lambel d'argent en face surmonté d'un Saint Léonard de Carnation à demi-corps, vêtu d'une aube d'argent et d'une dalmatique de pourpre semée de fleurdelis d'or, tenant à sa main dextre des menottes de même, et trois fleurdelis d'or posées 2 et 1 sous le lambel.

217.

20 l. — Jean DU MOUREAU, écuier, s^r du Lereaud,

217.

D'azur à trois pals d'or et un chef de gueules chargé de trois écussons d'argent.

225.

20 l. — Jean PHELIPPES, receveur des consignations de la ville de Dorat,

225.

D'argent à un levrier courant de gueules accolé d'or accompagné de trois tréffles de sinople posez 2 en chef et 1 en pointe.

230.

25 l. — Le couvent des Religieuses de la Trinité du Dorat,

230.

D'azur à un Saint Benoist d'argent posé de front et accosté en face de deux lettres S. B. de même.

236.

20 l. — Jean CRAMARIDAS, sieur de Chapelias, argentier du Roy,

D'azur à un chevron d'or accompagné en chef de deux glands, les tiges passées en sautoir de même, et en pointe d'une fleur de soucy tigée et feuillée aussy d'or.

275.

20 l. — Louis DES PLASSES et DE LA SALVIE, écuier,

Parti d'or et de gueules par un pal de sinople et en chef bastillé d'azur abaissé sous un autre chef cousu de gueules.

292.

20 l. — Jean-Pierre CLAVAUD DE MASBERTRAND, bourgeois de la ville de Belac,

D'azur à un chevron d'or accompagné en chef de deux hameçons de même et en pointe d'un arbre aussi d'or sommé d'un oiseau d'argent tenant en son bec un hameçon d'or.

ANGOULÊME

SUIVANT L'ORDRE DU REGISTRE DE L'ÉTAT DU 29 AOUT 1693.

5.

20 l. — Claude LAINÉ, écuier, sr des Deffands,

De gueules à une face d'or accompagnée de trois molettes d'argent, 2 en chef et 1 en pointe.

6.

20 l. — N... BAUDOIN DE FLEU-RAT, écuier,

De pourpre à une croix d'or.

25.

20 l. — Jean CADIOT DE PONTE-NURE, écuier, seigneur de Laudebat,

D'azur à un chevron d'or accompagné de trois étoiles de même, rangées en chef et d'une souche ou tronc d'arbre d'argent posée en pointe.

26.

20 l. — Louis LE MEUNIER, écuier, seigneur de Lartige,

D'azur à un chevron d'or, accompagné de trois poissons d'argent posés en pal, deux en chef et un en pointe.

37.

20 l. — Paul DE PARIS, écuier, seigneur de Lespineuil,

37.

D'azur à trois étoiles d'or, posées deux en chef et le 3e en face et un croissant d'argent en pointe.

38.

20 l. — Jean DE PARIS, écuier, seigneur du Couvret,

38.

De même.

48.

20 l. — François-Louis SAUL-NIER, écuier, sieur de Francillac et de Pierre Léve,

48.

D'azur à un chevron d'or chargé d'une ancre de sable.

51.

20 l. — N... DE TERASSON, écuier, sr de la Faye,

51.

D'azur à un monde d'or posé en cœur, accompagné de deux étoiles de même en pointe.

53.

50 l. — L'évêché d'Angoulême,

53.

D'or à une croix de gueules chargée d'un écusson d'argent à deux faces ondées d'azur qui sont surmontées d'un chef de sable chargé de trois chevaliers d'échecs d'or.

57.

20 l. — N..., veuve de N... DE BRIENNE DE GUIPE,

57.

D'or à un chevron d'azur accompagné de trois pigeons de même becquez et membrez de gueules, posez deux en chef, et un en pointe, les deux du chef afrontez.

58.

20 l. — Guy CHAPITEAU, écuier, sieur de Reymondias,

58.

D'argent à trois chapiteaux corinthiens posez deux et un, un croissant en chef, et trois étoiles en cœur rangées en bande le tout de sable.

66.

20 l. — Elie-François ROUS-SEAU, écuier, sieur de la Mercerie,

66.

D'argent à une tierce ondée d'azur accompagnée de trois étoiles de même, 2 et 1, celle de la pointe enfermée dans un croissant de gueules soutenu de deux palmes de sinople passées en sautoir.

71.

20 l. — Pierre Thevenin, écuier, sr de Saint-Grand,

D'argent à un chevron d'azur accompagné de trois lions de gueules, posez deux en chef et 1 en pointe, les 2 du chef afrontez.

73.

20 l. — N. de Curzay, écuier, seigneur de Saint-Mary,

D'azur à un croissant d'argent surmonté d'un cœur mi-parti d'or et de gueules.

74.

20 l. — Elie Lageard, chevalier, seigneur de la Grange du Pomeux et de Montroy en partie, capitaine dans le 2e bataillon de Navarre,

D'azur à un lion d'argent lampassé et armé de gueules et un croissant d'or posé entre la teste et la queue du lion.

78.

20 l. — Marie des Forges, veuve de Paul Thomas, écuier, sieur de Girard,

D'argent à deux faces d'azur accompagnées en chef d'un trefle de sinople et en pointe, d'un croissant de gueules.

80.

20 l. — Louis de Galard de Bearn, seigneur de Mirante,

Ecartelé au 1er et 4e d'or à deux vaches de gueules, accornées, accolées et clarinées d'azur, aux 2 et 3 d'or à trois corneilles de sable bequées et membrées d'or 2 et 1.

87.

20 l. — Marie Bourbon, veuve de Guillaume Four, écuier, sr des Bourgeas,

Party, le premier d'or à un lion d'azur et le 2e de sable à trois etoiles d'or posées 1-2, en chef et la 3e en face et un croissant d'argent en pointe.

98.

20 l. — Louis Le Normand, écuier, sieur de Chemaud,

D'azur à une bande d'or accompagnée en chef d'une croix patée de même et en pointe de trois cannes d'argent posées 1-2.

104.

20 l. — Philippe-François de Hautecler, écuier, sieur de la Magdeleine.

D'argent à une tour de gueules, ouverte et massonnée d'argent.

107.

20 l. — N... Desrivières, ve de Jean Croizant, écuier,

De sinople à une croix abaissée d'argent.

108.

20 l. — Pierre DES ESCAULT, écuier, sieur de Chaumont,

108.

D'azur à trois chevrons d'argent accompagnez de trois étoiles de même 2 en chef 1 en pointe.

111.

20 l. — Charles DE PRESSAT, écuier, sʳ de Chevault,

111.

D'azur à un lion d'or couronné de même, accompagné de huit lozanges aussi d'or, rangées en pal, 4 de chaque côté.

113.

20 l. —Edmé PASCAULT, écuier, sʳ de Lozilliers,

113.

D'argent à cinq feuilles d'ozeille de sinople posées 3. 2.

119.

20 l. — Charles DE RENOUARD, écuier, s. de Servale,

119.

D'azur semé de sautoir d'or.

127.

20 l. — Léonard FERRET, écuier, sʳ de Legarenne,

127.

De sable à trois fleurdelis d'argent 2, 1 et une cotice de même brochante sur le tout.

128.

20 l. — Pierre DES FORGES, écuier, sʳ de Chastellard, conseiller honoraire au siège présidial d'Angoulême,

128.

D'argent à deux faces d'azur accompagnée en chef d'un trèfle de sinople et en pointe d'un croissant de gueules.

132.

20 l. — N... DE SOUGRENON l'ainé, écuier,

132.

D'azur à trois lions passans d'or en chef et 1 en pointe.

133.

20 l. — N... MONTAUBER l'ainé, écuier,

133.

Parti au 1ᵉʳ d'argent à 4 mouchetures d'hermines de sable, rangées en face. coupé d'argent à 4 fuseaux d'azur, aussi rangés en face, et au 2ᵉ d'argent à trois faces d'azur, chargées chacune de 6 bandes d'argent.

135.

20 l. — François BARBIER, écuier, sʳ de la Grange,

135.

D'argent à un chevron de pourpre accompagné de trois molettes à 5 pointes de sable, posées 2 en chef et 1 en pointe.

147.

20 l. — Jacquette BERNARD, veuve DE N... DE REILLAT, écuier, sr de la Charlonny,

147.

D'azur à un chevron d'or accompagné en chef de deux étoiles de même, coupé d'or, à un chevron d'azur accompagné de 3 étoiles de même, 2 en chef, et 1 en pointe.

156.

201. — N... DE GALARDE, écuier, sr de Galarde,

156.

Ecartelé au 1er et 4 d'or à deux vaches de gueules, accolées et acornées et clarinées d'azur, au 2 et 3 d'or, à 3 corneilles de sable becquées et membrées d'or 2 et 1.

159.

20 l. — N... DE LA FAYE DE PRESSAT, écuier, sr de Léoncet,

159.

D'azur à un lion d'or couronné de même accompagné de huit lozanges aussi d'or rangées en pal 4 de chaque côté.

172.

20 l. — N... DE CORLIER l'ainé, écuier,

172.

D'argent à deux chevrons brisez de gueules.

179.

20 l. — Pierre CHAPITAUX, écuier, sieur de Guysal,

179.

D'argent à trois chapiteaux corinthiens posez 2 et 1, un croissant en chef, et 3 étoiles en cœur rangées en bande, le tout de sable.

182.

20 l. — Jean DUSSAUX, écuier, sieur de Villonneur,

182.

D'argent à trois chabots d'azur 2. 1.

134.

20 l. — Charles DU ROUSSEAU, écuier, sieur de Cougeaus,

134.

Coupé d'argent et de gueules, l'argent recoupé par un trait de sable, chargé en chef de deux palmes de sinople posées en barre et de trois tourteaux de gueules rangez en pointe, et le gueules chargé d'un chevron d'argent accompagné de 3 besans de même, 2 en chef et 1 en pointe.

186.

20 l. — Louis DE CHEVEREUSE, écuier, sr de la Coux,

186.

D'azur à un mouton passant d'argent surmonté d'une étoile d'or.

199.

20 l. — Jacques DE JULLIEN, écuier, sr de Menieux,

199.

D'azur à deux lions affrontez d'or et un chef cousu de gueules.

201.

20 l. — Jean Fé, écuier, s^r de Boisragon,

De gueules à une croix d'argent, cantonné en chef de deux molettes à cinq pointes de même.

210.

20 l. — François DE DENIZAU, écuier, s^r de Planaise et de Puyranaul,

D'azur à une étoile d'or et un chef fuzelé de demies fuzée d'argent et d'azur.

215.

20 l. — François DE ROUZIERS, écuier, sieur de Lezignat,

D'argent à trois roses de pourpre deux et une.

216.

20 l. — François DU PORT, écuier, s^r de Fontenelles,

De sable à un lion d'argent et un chef d'or chargé de trois tourteaux de gueules.

217.

20 l. — Jean BERNYE, écuier, s^r de la Saulais,

De gueules à trois cornils arrestez d'argent 2. 1.

227.

20 l. — Jacques LE MERCIER, écuier, s^r de Borde et de la Trimouille,

D'azur à un chevron d'or, surmonté d'un croisant d'argent et accompagné en chef de deux étoiles d'or, et en pointe d'un limaçon rampant d'argent.

229.

20 l. — Jean GOURDIN, écuier, s^r de la Faye,

D'azur à un calice d'or, sur lequel sont penchez deux oiseaux affrontez d'argent baissant leurs testes dans le calice, le tout surmonté d'un croissant d'or.

245.

20 l. — Antoine DE LA BASTIDE, .

D'or à cinq fusées d'azur rangées en face.

258.

201. — Jean DE MAGNAC, écuier, s^r de Mazerolle,

D'azur à deux lions affrontéz d'or soutenus d'une foy d'argent.

263.

50 l. — L'abaye des Religieuses de Saint-Ausony,

263.

D'azur à un St Ausony, evesque et martir posé de front, vêtu d'un rochet et d'un camail, ayant la teste coupée couverte d'une mitre et la portant de ses deux mains, le St surmonté d'une gloire rayonnante et mouvante du chef le tout d'or.

265.

50 l. — L'abaye de Saint-Cybart,

265.

D'azur à un St Cybart, vêtu en religieuse bénédiction, tenant de sa main dextre, une crosse, le tout d'or.

284.

20 l. — Anne DE PELLOQUIN, dame de Fleurat,

284.

D'azur à une tour d'argent.

TULLE

SUIVANT L'ORDRE DU REGISTRE 1er DE L'ÉTAT DU 27 FÉVRIER 1699.

22.

20 l. — N... DE VILLARS LA BROSSE, écuier, seigneur de Masdiollet,

22.

D'hermines et un chef de gueules chargé d'un lion issant d'argent.

70.

20 l. — Jean DE CARDAILLAC, écuier, seigneur de la Nouailles,

70.

Ecartelé de gueules et d'azur, à une croix d'argent, brochante sur le tout.

110.

20 l. — Joseph DE LA GRANGE, écuier, seigneur baron de Tarnac,

110.

De sable à trois merlettes d'argent posées deux en face et une en pointe et un franc canton d'hermines.

BRIVES

SUIVANT L'ORDRE DU REG° DE L'ÉTAT DU 27 FÉVRIER 1699.

4.

20 l. — Joseph BOYER, prestre, docteur de théologie,

4.

Parti le premier d'argent à trois casques de gueules 2 et 1, le 2° de sable à un demi aigle à deux têtes, le vol abaissé mouvant de la partition d'argent.

11.

20 l. — N... SORY DE VOUTEZER,

11.

D'argent à un chevron de sinople accompagné en chef de deux roses de gueules et en pointe d'un croissant d'azur.

16.

20 l. — N... DE LA REYMONDYE,

Art. 16 et dernier dud. Etat.

D'azur à un lion d'or posé à dextre et une épée d'argent, les gardes et poignées d'or posées en pal à senestre.

Fait à Paris, le...... de l'an 1699.

RÉCAPITULATION

LIMOGES

Armoiries des personnes 9 à 20 l.			180 l.
Séminaire	1 à 25	. . . .	
Chapitre	1 à 25	. . . .	75
Couvent	1 à 25	. . . .	

ANGOULÈME

Armoiries des personnes 48 à 20 l.		960 l.	
Evêché	1 à 50	. . . . . .	50	1110 l.
Abayes	2 à 50	. . . . . .	100

TULLE

Armoiries des personnes 3 à 20 l. . . . .   60 l.

BRIVE

Armoiries des personnes 3 à 20 l. . . . . . .   60 l.

69 arm.   1485 l.

Total : Quatorze cens quatre-vingt-cinq livres et les deux sols pour livre.

Présenté par le d^t Vanier a nos seigneurs les commissaires généraux, a ce qu'attendu l'obscurité des armoiries des dénommez ci-dessus qui paraist suffisament par les feuilles de présentation d'icelles, il plaise à nosd. seigneurs ordonner qu'il sera suplée aux défauts qui s'y rencontrent pour estre ensuite receues et enregistrées à l'armorial général conformément ausd^t edis et arrests rendus en conséquence.

Fait à Paris ce dix huit^e jour de may 9 bj^e quatre-vingt-dix-neuf.

Signé : ALEXANDRE et DE LARROC.

LES COMM^{res} GÉNÉRAUX, députez par Arrests du conseil du 4 décembre 1696 et 29 janvier 1697 pour l'exécution de l'édit du mois de novembre précédent sur le fait des armoiries, vcue par nous l'estat cy-dessus notre ord^{ce} préparatoire du 3 juillet 1699 portant que les feuilles de présentation des armoiries des dénommez au dit estat seront remises au S^r d'Hozier cons^{er} du Roy, garde de l'armorial général pour donner son avis sur ce qui peut être suplée auxd. armoiries pour les mettre en estat d'être receus et enregistrées à l'armorial général, l'avis du s^r d'Hozier du 31 juillet 1699 contenant les pièces meubles et métaux, dont lesd. armoiries peuvent estre composées, autre ordonnance dess. montré du 25 novembre 1699, conclusions du procureur général de la commission, ouy le raport du s^r de Breteuil cons^{er} ordinaire du Roy en son conseil d'Estat et intendant des finances l'un desd. commissaires.

Nous commissaires susd. en vertu de pouvoir a nous donné par sa Majesté conformement à l'avis dud. s^r d'Hozier ordonnons que les armes des dénommez dans l'estat cy-dessus seront composées des pièces meubles et métaux portez par ledit avis en conséquence les avons reçues et recevons pour estre enregistrées à l'armorial général et les brevets d'y celles délivrez conformement au dit édit et aux arrêts rendus en conséquence. A l'effet de quoy sera remis aud. s^r d'Hozier une expédition de la présente ordonnance et les feuilles de présentation desd. armoiries, fait en l'Assemblée desd. s^{rs} commissaires tenue à Paris, le vendredy dix-neuf février mil sept cent.

Signé : SENDRAS.

Nous soussignez intéressez au traitté des armoiries. Nommés par délibération de la compagnie du 29 aoust 1697 pour retirer les brevets desd. armoiries reconnaissons que Monsieur d'Hozier nous a cejourd'hui remis ceux mentionnez au présent estat au nombre de *soixante et neuf* armoiries. La finance principalle des quelles montant a *quatorze cent quatre-vingt-cinq livres*, promettons payer au trésor royal conformément au traitté que nous en avons fait aveu de majesté, fait à Paris le trois* jour de juillet mil sept cent.

Signé : CARQUEVILLE.

Les pages 280, 281, 282, 283, 284 du manuscrit sont en blanc.

112 l. 10
75 arm. en 75 brevets.

SUPLÉMENT

ETAT DES NOMS ET QUALITEZ

DES PERSONNES ET COMMUNAUTEZ DÉNOMMÉES CY-APRÈS QUI ONT PAYÉ LES DROITS D'ENRE-
GISTREMENT DES ARMOIRIES ET BUREAUX ETABLIS PAR M. ADRIEN VANIER, CHARGÉ DE
L'EXÉCUTION DE L'ÉDIT DU MOIS DE NOVEMBRE 1696, ET DESQUELLES ARMOIRIES LA RÉ-
CEPTION A ÉTÉ SURCISE PAR LES ETATS AUSSY CY-APRÈS DATTEZ, PARCEQU'ILS ONT NÉGLIGÉ
DE FOURNIR LA FIGURE OU L'EXPLICATION DES ARMOIRIES.

GÑALITÉ DE LIMOGES

Veu le 7 août 1700.

Signé : SAUVIN.

LIMOGES

SUIVANT L'ORDRE DU REG^{re} 1er DE L'ÉTAT DU 27 FÉVRIER 1699.

Veu par nous Charles d'Hozier cons^{er} du roy, généalogiste de sa
maison, garde de l'Armorial général de France et chev^{er} de la religion et des ordres militaires de St Maurice et de Saint-Lazare le présent
état de supplém^t d'armoiries et l'ordonnance donnée en conséq^{ce} le 22
de may de l'année courante 1699 par Messieurs les commissaires
généraux du conseil à ce députez par laquelle il nous est enjoint de
donner notre avis sur les armoiries qui peuvent estre accordées ou
suppléées à chacune des personnes et autres dénommées dans le
pñt état et dans les conclusions de M^r le Procureur général de la
dite commission au nombre de SOIXANTE-QUINZE ARMOIRIES. Nous estimons que l'on peut leur régler et disposer en cette sorte lesd.
armoiries ainsy qu'il en suit.

n° 84.

25 l. — Le chapitre de la ville
de Saint-Yrieix,

Sçavoir à l'art. 84.

D'or a une croix potencée d'azur chargée de neuf lozanges d'argent et contournée de quatre triangles de sable.

161.

20 l. — Jacques DE DOUHET Lieutenant-criminel,

De sable frété de six flèches d'or et empennées d'argent, et un serpent ondoyant de sinople brochant en face sur le tout.

172.

20 l. — N... DU CROC DE CIEUX, veuve de Jacques-François DE BRETTE, E°ʳ chev^liᵉʳ seigʳ de Cieux,

D'or à un chevron ondé d'azur accompagné de trois fers de flèche de sable, deux en chef et les pointes en bas et une en pointe.

178.

20 l. — N... MANENT, chanoine de l'église cathédralle de Limoges,

D'or à un cœur de carnation chargé d'un *tau* d'argent et accompagné de trois fleurs de violettes au naturel tigées et feuillées de sinople deux en chef et une en pointe.

179.

50 l. — La ville de Sᵗ-Léonard,

D'azur à un lion passant d'or en chef, et deux arcs de même cordez d'argent et passez en sautoir en pointe.

183.

20 l. — François-Gabriel DE REYMOND, président lieutenant général de la ville de Belac,

D'azur à un casque d'argent orné d'or accompagné en chef de deux molettes de même et en pointe d'une épée couchée d'argent et garnie d'or.

185.

20 l. — François DE LA COUDRE, conseiller au siège royal de la ville de Belac,

D'azur à trois coquilles d'or, rangées en pal l'une sur l'autre et cottoyées de deux épys de bled de même.

186.

20 l. -- Pierre LE BORLHE, conseiller du roy assesseur en la ville de Belac,

De gueules à une ancre d'argent et une face en devise d'or, brochant sur le tout chargée d'un poisson d'azur.

188.

20 l. — François MONDOET, conseiller du roy au siège royal de Belac,

De sable à trois faces componnées chacune d'argent et d'azur de quatre pièces et deux vergettes de gueules brochantes sur le tout.

190.

20 l. — François AUDEBERT, conseiller du roy, visce sénéchal de la ville de Belac,

De gueules à deux halebardes d'argent rangées en pal et un chevron abaissé d'or brochant sur le tout.

207.

20 l. — N... NICOLAS, vᵉ de Jean MARTIN de LAUSBEPY,

D'azur à un marc d'or posé en cœur et accompagné de quatre besans cantonnez d'argent et chargez chacun d'une étoile de sable.

208.

20 l. — Joseph LE BORLHE, bourgˢ de la ville de Chateau-poinsat,

De gueules à une ancre et en face en devise d'or brochante sur le tout, chargé d'un poisson d'azur.

214.

20 l. — Géral TARDIVET, marchand à Saint-Léonard,

D'argent à un murier de sinople sur une terrasse de même et acosté en face de deux mûres de pourpre.

215.

20 l. — Antoine DE LA NOUAILLE maire de la ville de Sᵗ-Léonard,

De gueules à une bande d'or accompagnée de deux molettes d'argent une en chef et l'autre en pointe.

216.

20 l. — Pierre DUCROS, marchand à Sᵗ-Léonard.

D'or, à deux ancholies d'azur tigées et feuillées de sinople en chef et un cœur de carnation en pointe.

218.

20 l. — Jean LIMOUSIN, marchand à Saint-Léonard,

D'argent, à une croix ancrée et uidée d'azur, cantonnée de quatre flammes de gueules, mouvantes des angles de l'écu.

219.

20. l. — Joachim LE BORLHE, bourgeois de la ville de Château-poinsac.

De gueules à une ancre d'argent et une face en devise d'or, brochant sur le tout, chargée d'un poisson d'azur.

229.

20 l. — Jacques BEAURE, marchand à Saint-Léonard,

D'argent, à un chef d'azur, à une plante de muguet de sinople mouvante d'une terrasse de même, les fleurs d'argent brochantes sur le chef et le pied acosté de deux roses de gueules.

233.

20 l. — N... DE LA CHASSAGNE, marchand à St-Léonard,

D'argent semé de châtaignes de sable et un écusson d'or au cœur chargé d'une coque de châtaignes de sinople.

237.

20 l. — Jean DE LA BROÜE, bourgeois de Saint-Yrieix.

D'argent à une rose de gueules posée en cœur et accompagnée de quatre coquerelles cantonnées, de sinople.

239.

20 l. — Pierre PUYFOYARD DE LA FOND, conᵉʳ du Roy et juge des appaux de Segur.

D'or, à trois fleurs d'iris aux glayeuls d'azur, leurs tiges apointées en cœur et accompagnées de trois quinte feuilles de gueules mal ordonnées.

240.

20 l. — Léonard BEAUVIEUX.

D'azur, à un bœuf furieux d'argent acorné et onglé d'or, et une tierce de gueules, brochante en face sur le tout.

241.

20 l. — Antoine DENOYON, chanoine de Saint-Junien,

De gueules, à un miroir rond, d'argent bordé d'or et pommeté d'argent accompagné de quatre étoiles cantonnées de même.

249.

20 l. — Jean BAUBRUEL, chanoine de Saint-Junien,

De sinople, à un demy vol d'argent posé en bande et une traverse componnée d'or et de gueules de dix pièces brochantes sur le tout.

255.

20 l. — Louis CHOPY, greffier des rolles de la ville de la Souteraine,

D'argent, à un sentier de gueules accompᵈ de quatre oignons apointez de sinople.

260.

20 l. — Gabriel DE RAZES, Eᵉʳ, sieur de Puybertrand,

D'azur, à un lion d'argent lampassé et armé de gueules, posé en cœur et accompagné de huit roses d'or posées en orle.

272.

20 l. — Louis DE LA VERGNE, escuier, seigneur de Lavaud-Bousquet,

Cinq points d'or équipolez à quatre de sable, chargez chacun d'un lozange, de l'un en l'autre.

282.

20 l. — François LANSADE, sʳ de Royer, conseiller du Roy, élu dans la ville de Limoges,

282.

D'azur, à une roüe d'argent accompagnée de quatre œillets d'or, mouvant des angles de l'écu.

284.

20 l. — Philippe DE DOUHET, conᵉʳ du Roy en l'élection de Limoges,

284.

D'or, à cinq tourteaux de pourpre, enchaînez l'un à l'autre en sautoir par une chaînette d'azur.

286.

20 l. — Pierre LEBORLHE, conseiller du Roy, assesseur en la Sénéchaussée de Belac,

286.

De gueules, à une ancre d'argent à une face en devise d'or, brochante sur le tout, chargée d'un poisson d'azur.

287.

20 l. — François AUDEBERT, sieur de Grospoumier,

287.

D'or, à cinq tourteaux bezans partis d'azur et d'argent, chargez chacun d'un sautoir alaisé de l'un en l'autre et posez en sautoir.

289.

20 l. — N... DE GAIN, marquis de Linard,

289.

D'or semé de merlettes de sable à un léopard rampant, de gueules, lampassé et armé d'azur.

291.

20 l. — Jacques ARBELAUD, greffier de l'Écritoire de Belac,

291.

De gueules, à une merlette d'argent en cœur, accompagnée de quatre trèfles cantonnez de même.

293.

20 l. — Jean GALLIARD, maire de la ville de la Souteraine,

293.

D'argent, à un écureuil d'azur et une bordure dentelée d'or.

294.

20 l. — Antoine BONNET, juge de Bridier, de la ville de la Souteraine,

294.

D'azur, à un bouc naissant d'argent, à un chef étiqueté d'or et de sable, de trois traits.

295.

20 l. — François RANJON, sieur du Chaslard,

295.

Écartelé de sable et de sinople à une molette à huit pointes d'argent posée en cœur et brochante sur le tout.

296.

20 l. — André RANJON, sieur du Chaslard,

296.

Écartelé de sable et de sinople à une molette à huit pointes d'argent posée en cœur et brochante sur le tout.

298.

20 l. — Jacques Daniel, chanoine à Saint-Léonard,

D'argent, à un tourteau de gueules chargé d'une étoile d'argent et accompagné de quatre croissants confrontez et cantonnez d'azur.

301.

20 l. — Jacques Veyriaux, greffier de la maison de ville de Saint-Léonard,

D'argent à un croissant d'azur accompagné de huit annelets de gueules rangez en orle.

305.

25 l. — La Communauté des Prestres de Belac,

De gueules, à une cloche d'argent bataillée d'azur et sommée d'une croix pattée et alaisée d'or.

306.

25 l. — La Communauté des pères doctrinaires de Belac,

D'argent, à un buste de Saint Charles Borromée de carnation, posé de profil, vêtu d'un camail de gueules.

307.

50 l. — La Communauté des Avocats de Limoges,

D'azur, à un Saint Yves, vêtu d'une soutane et d'une robe longue, la tête couverte d'un bonnet quarré, tenant de sa mains dextre une plume à écrire et de la senestre un sac pendant le tout d'or sur une terrasse de même.

310.

50 l. — La communauté des notaires de Limoges,

De sinople à deux cignes affrontez d'argent, soutenus d'une foy de carnation posée d'or et mouvante des flancs.

311.

50 l. — La communauté des procureurs de Limoges,

D'azur à un saint Nicolas d'or accomp. en chef de deux sacs d'argent.

312.

50 l. — La communauté des gantiers de la ville de St Junien,

D'azur à un gand d'or en pal et renversé soutenu d'une paire de ciseaux ouverts d'argent.

313.

50 l. — La communauté des médecins et apotiquaires,

D'azur à deux caducées d'argent, passez en sautoir et un soleil d'or brochant en cœur sur le tout.

314.

20 l. — N..... DE LA CHASSAGNE sieur de Baubiat,

314.

Parti de gueules et d'azur à un sautoir d'argent chargé de cinq molettes de sable.

316.

20 l. — N. MAGY, bourgeois de la ville de St-Léonard,

316.

De sable à cinq merlettes d'argent posées en chevron renversé.

318.

20 l. — Martial MIDY, marchand à Limoges,

318.

D'azur à un soleil d'or, enté en pointe d'argent.

319.

25 l. — La communauté des prestres de la ville de St-Léonard,

319.

Echiqueté d'argent et d'azur a une croix de gueules chargée de cinq sautoirs d'argent.

320.

50 l. — La communauté de l'ordre de Sainte-Geneviève de la ville de Feytiat,

320.

D'azur à un saint Augustin vetu pontificalement tenant de sa main dextre un cœur enflammé et de sa senestre sa crosse le tout d'or, sur une terrasse de même.

322.

20 l. — N..... DU BROUILLET, écuyer,

322.

Ecartelé d'or et de sable à deux lions passant l'un sur l'autre et brochant sur le tout de l'un en l'autre.

323.

20 l. — N..... DU BOIS DE JUMILLIAC, écuyer,

323.

D'argent fretté de sinople et un chef de même, chargé de quatre pals d'argent.

ANGOULÊME

SUIVANT L'ORDRE DU REG'RE DE L'ÉTAT DU 29 AOUST 1698

61.

20 l. — N..... Léon DE SEYSSE, écuyer, sieur de Sirac,

61.

D'azur à trois têtes de corbeaux arrachées et mal ordonnées d'or et un chef cousu de sable, chargé de trois têtes d'éperviers d'argent.

79.

20 l. — N..... DE BALZAC,

79.

D'argent à une rose de gueules pointée de sinople et accompagnée de quatre barbeaux cantonnez d'azur tigez et feuillez de sinople.

92.

20 l. — Jean DE Sᵗ GREZE, écuyer, sieur de Seridos l'ainé,

D'argent à un perroquet d'azur bequé et onglé de gueules accompagné de quatre rois d'échiquiers cantonnez de même.

94.

20 l. — Marie DU MERGÉ, veuve de N. DE BALUE, écuyer, sieur du Verdier,

D'or à un sautoir engrelé de sable accompagné de quatre mondes d'azur ceintrez d'argent et croisez de gueules.

96.

20 l. — Jean DE LA BREUILLE, écuyer, sieur des Pousses,

D'argent à quatre croissants adossez et mi-parti chacun d'azur et de gueules.

106.

20 l. — N..... DUMAGNON,

Écartelé, de tranché d'or et de sable à chacun des quatre quartiers.

112.

20 l. — N..... DE LA CHARLONIE l'ainé, écuyer,

De sinople semé d'annelets d'argent à un héliotrope d'or, tigé et feuillé de même mouvant de la pointe de l'écu.

143.

20 l. — François DAUNACQ, écuier, seigneur de Voluire,

D'or à une jumelle de sable accompagnée en chef d'un croissant d'azur acosté de deux étoiles de même et en pointe d'une étoile aussy d'azur acostée de deux croissants de même.

189.

20 l. — Jean DE MADEURAND, écuyer, sieur du Petit Moulin,

D'or à un chevron mi-party d'azur et de sable accompagné en chef d'une molette de même a dextre, d'une quintefeuille à senestre et d'un cœur renversé et my-party de sable et d'azur en pointe.

194.

20 l. — Marie DU PUYS, veuve de N. DE LANTONNIE,

D'argent à un puy d'azur massonné d'or et accompagné de quatre ducs cantonnez or et sable bequez de gueules.

196.

20 l. — N..... DE PONTIEUX l'ainé, écuyer,

De gueules à une lance d'or, posée en pal cottoyée de deux épées d'argent garnies d'or, les pointes en bas et une jumelle de gueules brochante en face sur le tout.

220.

20 l. — N..... de Chabanne, abbé d'Aubeterre,

220.

De gueules a un lion d'hermines, couronné, lampassé et armé d'or.

223.

20 l. — Nicolas Gourdin, éc^{er} sieur du Breuil et Puygibault,

223.

D'azur à une croix composée de quatre pots de vair appointez d'argent et cantonné de quatre rayons de même mouvant en sautoir des angles de l'écu.

226.

20 l. — Jeanne de Villantrant, veuve de François Grimond de Lestrade de Floirat,écuyer, sieur du Repère du Gazon,

226.

D'argent à un chevron renversé d'azur accompagné de trois têtes de more do sable, une en chef et deux en pointe.

231.

20 l. — François Joumart Tisson d'Argence, écuyer,

231.

D'azur a un coq perché sur un marc d'argent et accompagné en chef de deux molettes de même.

234.

20 l. — Pierre de Tallerant de Grinaux, éc^{er}, sieur de Pidenelle,

234.

D'or à deux faces de vair accompagnées de neuf étoiles de sable rangées trois en chef, trois en face et trois en pointe.

238.

20 l. — Daniel Barault, écuyer sieur de Lagerie,

238.

D'azur à un chef abaissé d'argent chargé de trois bancs de salle et soutenu de deux pals d'or chargez chacun d'un épée de sable.

242.

20 l. — Charles Boutelaud, sieur de Bouveraud,

242.

D'azur à cinq bouterolles d'épées d'or posées en sautoir et accompagnées de quatre triangles apointez d'argent.

243.

20 l. -- N..... veuve de N. du Fournoux,

243.

D'argent à une croix engrelée de sable chargée en cœur d'un croissant renversé d'or et contourné de quatre têtes de more adossées de sable et bandées d'or.

252.

20 l. — Elisabeth Bedé, v^e de N. marquis de Grimaud,

252.

De gueules à une face d'argent chargée de deux aigles naissants et affrontez de sable et accompagnée de trois pommes de pin bandées d'argent et d'azur posées deux en chef et une en pointe.

253.

20 l. — Jacquette DE PRAGEL-LIER, veuve de N.... DE POMME, écuyer, sieur du Payrat,

Article 253 et dernier de cet état.

D'argent à une jumelle de gueules posée en bande entre deux autres jumelles d'azur posées de même.

Fait à Paris, ce 1ᵉʳ jour d'octobre de l'an 1699.

Signé : D'HOZIER.

RÉCAPITULATION

LIMOGES

Armoiries des personnes 42 à 20 l.		840	⎫
Ville	1 à	50	⎪
Chapitre	1 à	25	⎬ 1315 l.
Communautez	⎰ 6 à 50	300	⎪
id.	⎱ 4 à 25	100	⎭

ANGOULÊME

Armoiries des personnes 21 à 20 l.		420
	75	1735 l.

Total : dix sept cens trente-cinq livres et les deux sols pour livre.

PRÉSENTÉ par ledit Vanier à NOSSEIGNEURS LES COMMISSAIRES GÉNÉ-RAUX du Conseil à ce qu'attendu qu'il n'a pas esté fourny par les denommez ci-dessus, aucune figures n'y explication d'armoiries et qui ont néanmoins payé les droits d'enregistrement d'ycelles, il plaise à nosdᵗˢ seigneurs leur en accorder en conformité de l'Édit du mois de novembre 1696 telles qu'ils jugeront à propos pour estre ensuite receues et enregistrées à l'armorial général, conformément ausdᵗ Édit et Arrests rendus en conséquence,

Fait à Paris, le dix-huitième jour de may 1699.

Signé : ALEXANDRE et DELAROC.

Les Commissaires généraux, députez par sa Majesté, par arrest du Conseil des quatre décembre 1696 et 29 janvier 1697, pour l'exécution de l'édit du mois de novembre précédent sur le fait des armoiries.

Veu par nous l'Estat cy-dessus, notre ordonnance préparatoire du 26 juin 1699 portant qu'il sera remis audit sieur d'Hozier, consᵉʳ du Roy, garde de l'armorial général pour donner son avis sur les armoiries qui pourront être accordées aux desnommez audit État, l'avis dud' S' d'Hozier du premier octobre 1699, ordonnance de soit montré du 16 novembre 1699. Conclusions du Procureur général de la Commission, ouy le raport du s' de Breteuil, cons'' ordinaire du Roy en son conseil d'État et intendant des finances, l'un desdits sieurs commissaires.   .

Nous, commissaires susdits, en vertu des pouvoirs à nous donné par Sa Majesté, conformément à l'avis dud' s' d'Hozier, ordonnons que les armes de chacun des denommez dans l'estat cy-dessus seront composées des pièces, meubles et métaux portez par ledit avis, en conséquence les avons receues et recevons pour être enregistrées à l'armorial général, ainsy qu'elles sont expliquées par ledit avis, et les brevets d'ycelles dellivrez conformément à l'Édit du mois de novembre et arrest rendus en exécution, à l'effet de quoy il sera remis audit s' d'Hozier une expédition de la présente ordonnance et les feuillets qui contiennent les noms et qualitez des desnommez audit État : fait en l'assemblée desd. s'' commissaires, tenue à Paris, le vendredy neuf juillet mil sept cens.

Signé : SENDRAS.

Nous soussignez interessez au traitté des armoiries nommez par délibération de la Compagnie du 29 août 1697 pour retirer les brevets desd. armoiries, reconnaissons que mons. d'Hozier nous a remis ceux mentionnez au présent état au nombre de *soixante-quinze* armoiries, la finance principale desquelles montant à *dix-sept cent trente-cinq* livres prometons payer au Trésor royal conformément au traité que nous en avons fait avec Sa majesté, fait à Paris, ce sept août 1700.

Signé : CARQUEVILLE.

5 arm. 6 brevets.

SUPLÉMENT

ETAT DES NOMS ET QUALITEZ

DES PERSONNES ET COMMUNAUTÉES DÉNOMMÉES CI-APRÈS QUI ONT PAIÉ LES DROITS D'ENREGISTRE-
MENT DES ARMOIRIES ES BUREAUX ÉTABLIS PAR Mᵉ ADRIEN VANIER, CHARGÉ DE L'EXÉCUTION DE
L'ÉDIT DU MOIS DE NOVEMBRE 1696 ET DESQUELLES ARMOIRIES LA RÉCEPTION A ÉTÉ SURCISE
PAR L'ÉTAT DU 25 JUIN 1700, PARCEQUE LE BLASON EN EST SI MAL FIGURÉ OU EXPLIQUÉ QU'IL
EST IMPOSSIBLE DANS L'ÉTAT OU ELLES SONT, DE LES CONNAITRE SUFISAMENT POUR LES RECE-
VOIR ET EN REGISTRER A L'ARMORIAL GÑAL.

Le 24 mars mil sept
cens un.

Bon : SAUVIN.

GÑALITÉ DE LIMOGES

ANGOULESME

SUIVANT L'ORDRE DU REG'RE 2ᵉ.

Vu par nous Charles d'Hozier, consᵉʳ du Roy, généalogiste de sa maison, garde de l'armorial gⁿᵃˡ de France et chevᵉʳ de la religion et des ordres militaires des Sᵗ Maurice et de Sᵗ Lazare de Savoie, le pñt état et l'ordᶜᵉ donnée le 21 jour de janvier de l'année courante 1701 par Mʳˢ les commʳᵉˢ gñaux du Conᵉˡ a ce députez, par laquelle suivant les conclusions de Mʳ le Pʳ Gñal de la dᵉ commission, il nous est enjoint de donner notre avis sur la manière dont nous jugeons que l'on peut supléer aux déffauts et éclaircir les obscuritez qui se trouvent dans l'explication des feuilles d'armoiries pñtées par cha-cune des personnes qui sont dénommées dans le dᵗ Etat et qui sont au nombre de *six armoiries* nous estimons que l'on peut supléer, éclaircir, disposer et blazonner en cette sorte les d. armoiries ainsi qu'il en suit, savoir :

29.

20 l. — Jean Joseph GILBERT, E^{er}, sieur de Vassigny,

29.

D'or à trois piramides de gueules, chacune sur trois boules de même et chacune surmontée d'une moucheture d'hermine de sable.

57.

20 l. — François DE LA TOUCHE, sieur de Thez,

57.

D'azur, à un chevron d'or, accompagné en chef de deux étoiles de même et en pointe d'une tour d'argent.

106.

20 l. — Jean LE NORMAND, E^{er}, s^r de la Tranchade,

106.

D'azur, à une bande d'argent accompagnée en chef d'une croix de Malte de même, et en pointe de 3 trèfles d'or posés en demi orle.

TULLE

SUIVANT L'ORDRE DU REGISTRE 1er.

198.

20 l. — Antoine MESTIVIER, prestre curé de Reygades,

198.

Parti au 1er de gueules, à une gerbe d'or soutenue d'un croissant d'argent et un chef d'azur chargé d'une étoile d'or, au 2e d'azur à une bande d'argent ; et un chef de même, chargé de 3 étoiles de gueules.

223.

20 l. — François DE COMBARET, écuier, seigneur du Gibanel,

223.

Ecartelé au 1er et 4e de gueules à trois mains dextres apaumées d'argent, au 2 et 3 d'argent à une fleur de lis de gueules accompagnée d'une demi molette de sable et mouvante de la partition.

250.

25 l. — Le Prieuré de Mauzats,

250.

De gueules à une fasse d'or chargée de trois étoilles de sable.

Fait par nous à Paris, le vingt deux^e jour de janv^{er} de l'an 1701.

Signé : D'HOZIER.

RÉCAPITULATION

ANGOULÊME

Personnes 3 à 20 l. . . . .   60 l.

TULLE

Personnes 2 à 20 l. . . . .   40 }
Prieuré   1 à 25 . . . .   25 } 65 l.
           6 armoiries . . . .   125 l.

Total cent vingt cinq livres et les 2ª pour livre.

Présenté par led. Vanier à Nosseigneurs les Commissaires gñaux du Conseil à ce qu'attendu l'obscurité des armoiries des dénommés ci-dessus, dont il paroist sufisament par les feuilles de présentation d'icelles, il plaise à nosd. seigneurs ordonner qu'il sera suplée aux déffauts qui s'y rencontrent, pour estre ensuite receues et enregistrées à l'armorial général conformément ausd. édit et arrests rendus en conséquence, ce fait à Paris le vingt septième jour de novembre, mil sept cents.

Signé : ALEXANDRE *et* DE LARROC.

Les Commissaires généraux députez par arrest du Conseil des quatre décembre 1696 et 29 janvier 1697 pour l'exécution de l'édit du mois de novembre précédent sur le fait des armoiries.

Veu par nous commissaires susdits l'état cy-dessus notre ordonnance préparatoire du 21 de ce mois portant que les feuilles des armoiries des dénommés au dit état seront remises au sr d'Hozier, conser du Roy garde de l'armorial général pour donner son avis pour ce qui peut être suplée aux dittes armoiries pour les mestre en état d'estre receues et enregistrées à l'armorial général, l'avis dudit sr d'Hozier du 22 du présent mois contenant les pièces, meubles et métaux dont les dittes armoiries peuvent être composées notre ordonnance de soit montré du même jour.

Conclusions du procureur général de la commission, ouy le rapport du sr de Breteuil, conser d'Etat ordre et intendant des finances, l'un des dits sieurs commissaires.

Nous commissaires susdits, en vertu du pouvoir a nous donné par Sa Majesté, conformément à l'avis du dit s^r d'Hozier, ordonnons que les armes des dénommés dans l'estat cy-dessus, seront composées des pièces, meubles et métaux portez par le dit avis, en conséquence les avons receues et recevons pour être enregistrées à l'armorial général, et les brevets d'ycelles dellivrez conformément au dit Etat et aux *arrests* rendus en conséquence, à l'effet de quoy il sera remis au dit s^r d'Hozier, une expédition de la pñte ordonnance et les feuilles de présentation des dittes armoiries. Fait en l'assemblée des dits sieurs commissaires tenue à Paris le vingt huit janvier mil sept cent un.

Signé : SENDRAS.

Nous soussignez intéressez au traitté des armoiries nommés par délibération de la compagnie du 29 août 1697, pour retirer les brevets de ces armoiries, reconnaissons que monsieur d'Hozier nous a cejourd'huy remis ceux mentionnez au présent état au nombre de six armoiries, la finance principale desquelles montant à cent vingt cinq livres promettons payer au trésor Royal conformément au traité que nous en avons fait avec Sa Majesté fait à Paris le 24 mars 1701.

Signé : CARQUEVILLE.

Les pages 307, 308 du manuscrit de d'Hozier sont en blanc. Le texte recommence à la page 309.

9 décembre 1700
—
GÑALITÉ de LIMOGES
—
LIMOGES
—
ANGOULÊME
—
TULLE
—
BRIVES
—
BOURGANEUF
—

495 arm. en 494 brevets
742 l. 10 s.

SUPLÉMENT

ETAT DES NOMS ET QUALITEZ

DES PERSÒNES ET COMMUNAUTÉS DÉNOMMÉES CY-APRÈS QUI ONT PAYÉ LES DROITS D'ENREGIS-
TREMENT DES ARMOIRIES ES BUREAUX ÉTABLIS PAR Mᵉ ADRIEN VANIER, CHARGÉ DE L'EXÉ-
CUTION DE L'ÉDIT DU MOIS DE NOVEMBRE 1696, ET DESQUELLES ARMOIRIES LA RÉCEPTION
A ÉTÉ SURCISE PAR LED. ÉTAT CY-APRÈS DATÉS, PARCEQU'ILS ONT NÉGLIGÉS DE FOURNIR LA
FIGURE OU L'EXPLICATION DES D. ARMOIRIES.

GÑALITÉ DE LIMOGES

LIMOGES

SUIVANT L'ORDRE DU REGISTRE 1ᵉʳ DE L'ÉTAT DU 31 JANVIER 1698.

Vu par nous Charles d'Hozier, conseiller du Roy, généalogiste de sa maison garde de l'armorial général de France et chevalier de la religion et des ordres militaires Saint-Maurice et de Saint-Lazare de Savoye, le pñt état de suplément d'armoiries et l'ordonnᵉ donnée en conséquence le vingt-cinqᵉ jour du mois de novembre de l'an 1701 par Messieurs les commissaires généraux du consᵉⁱⁱ à ce dé-putez, par laquelle il nous est enjoint de donner notre avis sur les armoiries qui peuvent être accordées ou suplées à chacune des per-sonnes et autres dénommées dans le pñt état et dans les conclusions de Monsʳ le Procureur gñal de la d. commission au nombre de *qua-tre cent quatre-vingt-quinze* armoiries, nous estimons que l'on peut leur régler et disposer en cette sorte lesd. armoiries ainsi qu'il en suit :

8.   8.

20 l. — Jean Vidaud, écuier   D'or à un pal d'azur.
seigneur du Dognon, cons^{er} du
Roy, l^t particulier au prés^{al} de
Limoges.

DE L'ÉTAT DU 27 FÉVRIER 1699.

90.   90.

20 l. — Jean Vidaud, sieur du   D'or à un pal de gueules.
Garaud, bourgeois de Limoges.

120.   120.

20 l. — Guillaume de Rouffi-   D'or à un pal de sinople.
niac, s. de Grimaudie.

138.   138.

50 l. — La communauté des   D'or à un pal de sable.
marchands de la ville de Limo-
ges.

196.   196.

25 l. — Le couvent des reli-   D'argent à un pal d'azur.
gieux bénédictins de la ville de
Solognac.

220.   220.

25 l. — Le chapitre de la ville   D'argent à un pal de gueules.
de Dorat.

256.   256.

20 l. — N..... Chauvet de Nan-   D'argent à un pal de sinople.
tiat, écuier s^r de la Guionne et
de Juné,

DE L'ÉTAT DU 25 JUIN 1700

324.   324.

50 l. — La communauté des   D'argent à un pal de sable.
teinturiers, fourbisseurs, gantiers,
pelletiers et pottiers d'étain, de
la ville de Limoges.

325.

50 l. — La communauté des libraires, imprimeurs, selliers, bastiers, peintres et épronniers de la ville de Limoges,

325.

D'azur à un pal d'or.

326.

20 l. —.N..... Cognasse l'aîné, marchand en la ville de Limoges,

326.

D'azur à un pal d'argent.

327.

50 l. — La communauté des serruriers, armuriers, couteliers, taillandiers et maréchaux ferrants de la ville de Limoges.

327.

De gueules à un pal d'or.

328.

20 l. — Jean Romanet, m^d de Sel,

328.

De gueules à un pal d'argent

329.

50 l. — La communauté des tailleurs, tapissiers, fripiers et chaussetiers de la ville de Limoges,

329.

De sinople à un pal d'or.

330.

50 l. — La communauté des cordonniers et des savetiers de la ville de Limoges,

330.

De sinople à un pal d'argent.

331.

25 l. — La communauté des Prestres de la ville d'Aix,

331.

De sable à un pal d'or.

332.

20 l. — N..... Vidaud, s^r de Ste Valerie,

332.

De sable à un pal d'argent.

333.

50 l. — La communauté des boulangers de la ville de Limoges,

333.

D'or à une fasse d'azur.

335.

50 l. — La communauté des chirurgiens et peruquiers de la ville de Limoges,

335.

D'or à une fasse de gueules.

336.

50 l. — La communauté des tanneurs de la ville de Limoges,

336.

D'or à une fasse de sinople.

338.

20 l. — N..... FARNE,

338.

D'or à une fasse de sable.

339.

20 l. — N..... GRENIER, greffier de la juridiction des traites foraines,

339.

D'argent à une fasse d'azur.

340.

20 l. — N..... AVRIL, m^d de fer à Limoges,

340.

D'argent à une fasse de gueules.

343.

20 l. — N..... PEYRAT,

343.

D'argent à une fasse de sinople.

344.

20 l.—N..... DU CHAMBON, veuve de N.... du bourg de Segur,

344.

D'argent à une fasse de sable.

345

20 l. — N... PAPOT, chanoine de l'église cathédrale de Limoges,

345

D'azur à une fasse d'or.

347.

50 l. — La ville de Château-Poinsat,

347.

D'azur à une fasse d'argent.

348.

20 l. — N.... CHABASSE, curé d'Eitaniac,

348.

De gueules à une fasse d'or.

349.

20 l.— N..... DU REPAIRE, e^{er} du bourg de Cadignac,

349.

De gueules à une fasse d'argent.

350.

20 l. — Hebrard DE LARTESSIE, s^r de Veirinias.

350.

De sinople à une fasse d'or.

353.

20 l. — Roulliac DE TRASCHAU-SADE, m^d à Limoges,

De sinople à une fasse d'argent.

354.

20 l. — N..... FORESTIER, greffier des rolles de la parr^e de Ladignac,

De sable à une fasse d'or.

355.

20 l. — N..... DE MASIVAUX, écuier,

De sable à une fasse d'argent.

356.

20 l. — N..... DENOYON, chan. de la cathédrale de Limoges,

D'or à une bande d'azur.

357.

20 l. — N..... MALABOY, sieur de Lage Daumond.

D'or à une bande de gueules.

360.

20 l. — N..... DE LA CHATONNIE,

D'or à une bande de sinople.

361.

50 l. — La ville de Benevant,

D'or à une bande de sable.

362.

20 l. N..... curé de Champsat,

D'argent à une bande d'azur.

363.

20 l. — N....., curé de Lezinac-sur-Goire.

D'argent à une bande de gueules.

364.

20 l. — N....., curé de Sangon.

D'argent à une bande de sinople.

365.

20 l. — N....., curé de Chirac.

D'argent à une bande de sable.

367.

20 l. — N... Simon, chanoine de Saint-Junien,

D'azur, à une bande d'or.

368.

20 l. — N... des Roziers, écuier,

D'azur, à une bande d'argent.

369.

20 l. — N... Cibot, chanoine de la cathédrale de Limoges,

De gueules, à une bande d'or.

370.

20 l. — N... Dargentaud, chanoine de la cathédrale de Limoges,

De gueules, à une bande d'argent.

371.

20 l. — Charles du Sauzée, écuier, s. de la Chabane,

De sinople, à une bande d'or.

372.

20 l. — N..., curé de Mourioux,

De sinople, à une bande d'argent.

373.

20 l. — N.., curé de Marsac,

De sable, à une bande d'or.

374.

20 l. — N... Dupuy, chanoine de St-Junien,

De sable, à une bande d'argent.

375.

20 l. — N..., chanoine du chapitre de St-Junien,

D'or, à une barre d'azur.

376.

20 l. — N... de Bonnestie, écuier,

D'or, à une barre de gueules.

377.

20 l. — N... Mandat, chanoine du chapitre de St-Junien,

D'or, à une barre de sinople.

378.

25 l. — Le couvent des religieuses de Saint-Yrieix,

D'or, à une barre de sable.

379.

50 l. — La ville de Saint-Germain,

D'argent, à une barre d'azur.

380.

20 l. — N... Dumond, chanoine du chapitre de St-Germain,

D'argent, à une barre de gueules.

381.

20 l. — Jean-Jacques de Cadejou, écuier, S. de Roche,

D'argent, à une barre de sinople.

382.

20 l. — N... Tuillier, le jeune, marchᵈ et lieutenant de bourgeoisie,

D'argent, à une barre de sable.

383.

20 l. — N... Guillemaud, marchand en la ville de Limoges,

D'azur, à une barre d'or.

384.

20 l. — N... de Lort, marchand en la ville de Limoges,

De gueules, à une barre d'or

387.

20 l. — N..., veuve de N... Guibert, marchande à Limoges,

De sinople, à une barre d'or.

388.

20 l. — Pierre Texandier, marchand à Limoges et capitaine de bourgeoisie,

De sable, à une barre d'or.

389.

20 l. — N... Raby, mᵈ-épicier,

D'azur, à une barre d'argent

390.

20 l. — N... Gadaud,

De gueules, à une barre d'argent.

391.

20 l. — N... Babiot, m^d à Limoges,

De sinople, à une barre d'argent.

392.

20 l. — N... Tranchand de la Borderie, bourg. de la ville de Limoges,

De sable, à une barre d'argent.

393.

20 l. — N... Garat, marchand épicier à Limoges,

D'or, à un chevron d'azur.

394.

20 l. — N... de Lomenie, marchand en la ville de Limoges,

D'or, à un chevron de gueules.

395.

20 l. N... Nicolas,

D'or, à un chevron de sinople.

397.

20 l. — N... Martialot, s. de Puymatieu,

D'or, à un chevron de sable.

398.

20 l. — N... Grelet, bourgeois de Limoges,

D'argent, à un chevron d'azur.

399.

20 l. — N... Guérin, m^d à Limoges,

D'argent, à un chevron de gueules.

400.

20 l. — N... Rouselle, avocat en Parlement,

D'argent, à un chevron de sinople.

403.

20 l. — Baptiste Champalinaud, marchand de la ville de Limoges,

D'argent, à un chevron de sable.

404.

20 l. — N... Hervy, m^d teinturier en la ville de Limoges,

D'azur, à un chevron d'or.

407.

20 l. — N..., curé de la Geneytouze,

D'azur, à un chevron d'argent.

408.

20 l. — N... BONNEYSET, juge de Salagnac,

De gueules, à un chevron d'or.

409.

50 l. — L'Abbaye des Allois,

De gueules, à un chevron d'argent.

410.

20 l. — N... DUTOUR, de la paroisse de Saint-Pierre-Chastaud,

De sinople, à un chevron d'or

411.

20 l. — N... GUEYROUT, procureur d'office de Soulognac,

De sinople, à un chevron d'argent.

412.

20 l. — N... PAQUELET, veuve de MURAT DE CHATEAUNEUF,

De sable, à un chevron d'or.

413.

20 l. — N... DE LAVIALLE, écuier,

De sable, à un chevron d'argent.

414.

20 l. — N... ARDANT le Jeune, chanoine de Saint-Etienne,

D'or, à deux pals d'azur.

415.

50 l. — L'Abbaye de Solognac,

D'or, à deux pals de gueules.

416.

20 l. — N... PERGAUD, juge du bourg de Solognac,

D'or, à deux pals de sinople.

417.

50 l. — Le Corps des officiers de la justice royale de la ville de Limoges,

D'or, à deux pals de sable.

418.

20 l. — N... DE LA TRIQUERIE DE VIALLE-FOLLE, écuier,

419.

20 l. — N... DE SAINT-MAURISSE LE BROSSAIS, écuier,

420.

20 l. — N... DUTOUR, chanoine des Moustiers,

421.

20 l. — Joseph RABEIN, chanoine du chapitre des Moustiers,

422.

20 l. — N... DE LA POMMELIE, théologal du chapitre des Moustiers,

423.

20 l. — N... DE LA GRANGE DE TARNAC, chanoine du chapitre des Moustiers,

424.

20 l. — N... DE LA FAYE, chanoine du chapitre des Moustiers,

425.

20 l. — N... REYMOND, chanoine du chapitre des Moustiers,

426.

20 l. — N... BARDOULAT, chanoine du chapitre des Moustiers,

427.

25 l. — Le prieuré de la Droullée blanche,

428.

20 l. — N... MENOT, chanoine du chapitre des Moustiers,

418.

D'argent, à deux pals d'azur.

419.

D'argent, à deux pals de gueules.

420.

D'argent, à deux pals de sinople.

421.

D'argent, à deux pals de sable.

422.

D'azur, à deux pals d'or.

423.

De gueules, à deux pals d'or.

424.

De sinople, à deux pals d'or.

425.

De sable, à deux pals d'or.

426.

D'azur, à deux pals d'argent.

427.

De gueules, à deux pals d'argent.

428.

De sinople, à deux pals d'argent.

429.

20 l. — N... Bousquet, chanoine du chapitre des Moustiers,

429.

De sable, à deux pals d'argent

430.

20 l. — N... Bardoulat, commissaire de la grande prévôté,

430.

D'or, à deux fasses d'azur.

431.

20 l. — Antoine Pichard, chanoine des Moustiers,

431.

D'or, à deux fasses de gueules.

433.

20 l. — Michel Arbonnaud, controlleur en la Maréchaussée,

433.

D'or, à deux fasses de sinople.

434.

20 l. — N... Moulinier, greffier de la maison de ville de Belac,

434.

D'or, à deux fasses de sable.

435.

20 l. — N... Codet, chanoine du chapitre de St-Junien,

435.

D'argent, à deux fasses d'azur.

436.

20 l. — N... Devoyon, bourgeois de St-Junien,

436.

D'argent, à deux fasses de gueules.

437.

20 l. — N... Ruaud, chanoine du chapitre de St-Junien,

437.

D'argent, à deux fasses de sinople.

438.

20 l. — N... Tamoinaud, · sr Deschamps, bourg. de St-Junien,

438.

D'argent, à deux fasses de sable.

439.

20 l. — N... de Chambéry, écuier,

439.

D'azur, à deux fasses d'or.

441.

20 l. — N..., curé de Saint-Junien-les-Combes,

441.

D'azur, à deux fasses d'argent.

442.

20 l. — N..., curé de Barneuil,

442.

De gueules, à deux fasses d'or.

443.

20 l. — N... CHAVERON, s^r des Fosses,

443.

De gueules, à deux fasses d'argent.

444.

20 l. — N... DE SINGARAUD, bourgeois de la ville de Saint-Juniein,

444.

De sinople, à deux fasses d'or.

445.

20 l. — N..., curé de Cieux,

445.

De sinople, à deux fasses d'argent.

446.

20 l. — N... DE VAUCOURBEIL, bourgeois de Belac,

446.

De sable, à deux fasses d'or.

447.

20 l. — N... DAGIER, juge de St-Michel de Laurières,

447.

De sable, à deux fasses d'argent.

448.

20 l. — N... DE LAGE PANNET, écuier,

448.

D'or, à deux bandes d'azur.

449.

20 l. — N... MARTIALOT, l^t de Solognac,

449.

D'or, à deux bandes de gueules.

451.

20 l. — N... DAMAS DE VAUX, écuier,

451.

D'or, à deux bandes de sinople.

452.

20 l. — N... DE LA COUR DE VANTILLOT, écuier,

452.

D'or, à deux bandes de sable.

453.

20 l. — N... PREVOST de Pierre Buffières,

453.

D'argent, à deux bandes d'azur.

455.

20 l. — N... Buisson, avocat en la ville de Belac,

D'argent, à deux bandes de gueules.

456.

20 l. — N..., curé de Dourna-zac,

D'argent, à deux bandes de sinople.

457.

20 l. — N..., marquise de Sau-nebeuf (Ferrière),

D'argent, à deux bandes de sable.

458.

20 l. — N..., curé de Saint-Jean-Ligoure,

D'azur, à deux bandes d'or.

459.

20 l. — N... de la Vilate de Lalou, écuier,

D'azur, à deux bandes d'argent.

460.

20 l. — N... de Leschausier, chanoine du chapitre de la ville des Moustiers,

De gueules, à deux bandes d'or.

461.

20 l. — N... de la Couldière, avocat à Belac,

De gueules, à deux bandes d'argent.

462.

50 l. — La ville de Moustiers,

De sinople, à deux bandes d'or.

463.

20 l. — N... Bourdicaud, sieur du May, bourg* de la ville des Moustiers,

De sinople, à deux bandes d'argent.

465.

20 l. — N... de Lenclave de Nexou, de la ville de Saint-Léo-nard,

De sable, à deux bandes d'or

466.

20 l. — N... CHEVARD, bour- De sable, à deux bandes d'argent.
geois de la ville de Sᵗ-Léo-
nard,

467.

20 l. — N... TESSIER DE CADIL- D'or, à deux barres d'azur.
LIAC, bourgeois de la ville de
Sᵗ-Léonard,

468.

20 l. — N... BALLIOT, de Pierre D'or, à deux barres de gueules.
Buffières,

469.

25 l. — Le prieuré de Sᵗ- D'or, à deux barres de sinople.
Léonard,

470.

20 l. — N..., marquis DE POM- D'or, à deux barres de sable.
PADOUR de Laurière,

471.

20 l. — N... LA RIVIÈRE-TRAN- D'argent, à deux barres d'azur.
CHEFERS, écuier,

472.

20 l. — N... BONNEISET DU MA- D'argent, à deux barres de gueules.
RAUD, de la ville de Solognac,

473.

20 l. — N..., curé de Chanou- D'argent, à deux barres de sinople.
netery,

474.

20 l. — N... TANDAUD, sʳ de D'argent, à deux barres de sable.
Mascrochet,

475.

20 l. — N..., curé de Sᵗ- D'azur, à deux barres d'or.
Etienne de Foursac,

476.

20 l. — N... NOMGUÉ, juge de D'azur, à deux barres d'argent.
Benevant,

477.

20 l. — N..., curé de Blanzac,   De gueules, à deux barres d'or.

478.

20 l. — N..., curé de Chatalat,   De gueules à deux barres d'argent.

479.

20 l. — N... Clément, s. de Mazuelle,   De sinople, à deux barres d'or.

480.

20 l. — N... de la Valade, écuier,   De sinople, à deux barres d'argent.

481.

20 l. — Jean Segon, sieur de Villedard,   De sable, à deux barres d'or.

482.

50 l. — La ville de Magnac,   De sable, à deux barres d'argent.

483.

20 l. — N..., curé de Meliac,   D'or, à deux chevrons d'azur.

485.

20 l. — N..., curé de la Garde,   D'or, à deux chevrons de gueules.

486.

20 l. — N..., marquise de Pompadour de Laurière.   D'or, à deux chevrons de sinople.

487.

20 l. — N... Marcoul, en la ville du Dorat,   D'or, à deux chevrons de sable.

488.

20 l. — N... du Masgilier, écuier,   D'argent, à deux chevrons d'azur.

489.

20 l. — N... Pagnion, écuier,   D'argent, à deux chevrons de gueules.

490.

20 l. — N... de Garaud du Maz, écuier.   D'argent, à deux chevrons de sinople

491.

20 l. — N..., curé de Nantiat,

491.

D'argent, à deux chevrons de sable.

492.

20 l. — N... MALAVERGNE, s^r de Lagebeau,

492.

D'azur, à deux chevrons d'or.

493.

20 l. --- N... DEYCHIRADOU, écuier,

493.

D'azur, à deux chevrons d'argent.

494.

20 l. — N... BRISSAUD, juge du Bourg de Nueil,

494.

De gueules, à deux chevrons d'or.

495.

20 l. — N... MALAVERGNE, s^r de la Faye, de la Roche Labeillie,

495.

De gueules, à deux chevrons d'argent.

497.

20 l. — François AUBUGEOIS, de la ville de Magnac,

497.

De sinople, à deux chevrons d'or.

498.

20 l. — N..., curé de Rançon,

498.

De sinople, à deux chevrons d'argent.

499.

20 l. — N... ARBONNAUD, curé de Baleden,

499.

De sable, à deux chevrons d'or.

500.

20 l. --- N... PENIGOT, s^r de Soumagne,

500.

De sable, à deux chevrons d'argent.

501.

20 l. — N..., archiprestre de Lubersac,

501.

D'or, à trois pals d'azur.

502.

50 l. — La ville de Saint-Yrieix,

502.

D'or, à trois pals de gueules.

503.

20 l. — N..., marquis de LA BAUME,

503.

D'or, à trois pals de sinople.

504.

20 l. — N... Rabilliac, de la ville de Magnac,

504.

D'or, à trois pals de sable.

505.

20 l. —N... Dauberoche, veuve de N... La Coste, de la ville de Magnac,

505.

D'argent, à trois pals d'azur.

506.

20 l. — N... Dubrac, avocat en la ville de Magnac,

506.

D'argent, à trois pals de gueules.

507.

20 l. — N... Aubugeois, veuve de N... La Coste, de la ville de Magnac,

507.

D'argent, à trois pals de sinople.

508.

20 l. — N... de la Borderie, écuier,

508.

D'argent, à trois pals de sable.

509.

20 l. — N... Guindre, sᵣ de la Porte,

509.

D'azur, à trois pals d'or.

510.

20 l. — Antoine Filliolet, de Lasbastison,

510.

D'azur, à trois pals d'argent.

511.

20 l. — N... Renaudie, marchand au lieu de la Bersat,

511.

De gueules, à trois pals d'or.

512.

20 l. — N...   , archiprestre de Sᵗ Pol,

512.

De gueules, à trois pals d'argent.

513.

20 l. — N... Bascle, procureur d'office de Labersac,

513.

De sinople, à trois pals d'or.

514.

20 l. — Feu N. Bigourie, juge de Lubersac,

514.

De sinople, à trois pals d'argent.

515.

20 l. -- N... Labonne, bourgeois de Lubersac,

515.

De sable, à trois pals d'or.

516.

20 l. — N... LACROIX, s^r de Porterol,

De sable, à trois pals d'argent.

517.

20 l. — N..., veuve de N .. ESCABILLIOU,

D'or, à trois fasses d'azur

518.

20 l. — Reymond BRANDIN, Lt de Lubersac,

D'or, à trois fasses de gueules

519.

25 l. — La Communauté des Prestres de la ville de Magnac,

D'or, à trois fasses de sinople.

521.

20 l. — N..., curé de la Porcherie,

D'or, à trois fasses de sable.

522.

25 l. — La Communauté des Prestres de Château-Poinsat,

D'argent, à trois fasses d'azur.

523.

20 l. — Chabanes JUDAUD, de la paroisse de St-Etienne de Fursat,

D'argent, à trois fasses de gueules.

524.

20 l. — N... DU COUDIER, de la paroisse de Saint-Etienne de Fursac,

D'argent, à trois fasses de sinople.

525.

25 l. — La Communauté des Prestres de la Souteraine,

D'argent à trois fasses de sable.

526.

50 l. — La ville de la Souteraine,

D'azur, à trois fasses d'or.

527.

20 l. — N..., marquise DU VERDIER,

D'azur, à trois fasses d'argent.

528.

20 l. — N..., curé de Glanges,

De gueules, à trois fasses d'or.

529.

20 l. — N... Audoineau, juge de Ladignac,

De gueules, à trois fasses d'argent.

530.

20 l. — N... Barnovillie de la Villedieu, de Magnac,

De sinople, à trois fasses d'or.

531.

20 l. — N..., curé de Chabrac,

De sinople, à trois fasses d'argent.

532.

20 l. — N... Richard, greffier des rolles de Linardes,

De sable, à trois fasses d'or.

533.

20 l. — N..., curé de Belac,

De sable, à trois fasses d'argent.

535.

20 l. — N... Marchandon, sᵣ de Triac,

D'or, à trois bandes d'azur.

536.

20 l. — N..., curé de Sᵗ-Gence,

D'or, à trois bandes de gueules.

537.

20 l. — N..., curé de Saint-Barban, près Belac,

D'or, à trois bandes de sinople.

539.

20 l. — N..., curé de la paroisse de Peyrat,

D'or, à trois bandes de sable.

540.

20 l. — N... Jary, juge du Chaslard,

D'argent, à trois bandes d'azur.

541.

20 l. — N..., curé de Monbrandeix.

D'argent, à trois bandes de gueules.

ANGOULESME

SUIVANT L'ORDRE DU REGISTRE 1er DE L'ÉTAT DU 29 AOUT 1698

75.

Cet article n'est icy tiré que po. mémoire, attendu qu'il n'y a point eu enregistrement fait sous ce n°:

84.

20 l. — Suzanne JAUBERT, De de Tullerand,

84.

D'argent, à trois bandes de sinople.

131.

20 l. — Feu Isaac DE MOREL, écuier, seigneur de Thiat,

131.

D'argent, à trois bandes de sable.

259.

20 l. — François BARBARIN, écuier,

259.

D'azur, à trois bandes d'or.

260.

20 l. — François LE VACHER, avocat du Roy, au siège prés^al d'Angoulesme,

260.

D'azur, à trois bandes d'argent.

261.

20 l. — Anne BIGOT, veuve de Noël DEXMIER,

261.

De gueules, à trois bandes d'or.

262.

N^a. — Cet article n'est icy tiré que pour mémoire, attendu qu'il n'y a eu aucun enregistrement fait sous ce n°.

262.

266.

30 l. — La Communauté des boulangers et fourniers de la ville d'Angoulesme.

266

De sinople, à trois bandes d'or.

267.

267.

25 l. — Le couvent des religieuses du Tiers ordre de St-François, dit Tiercelet,

De sinople, à trois bandes d'argent.

268.

268.

50 l. — La comm^te des pr^rs du présidial d'Angoulesme,

De sable, à trois bandes d'or.

269.

269.

50 l. — La communauté des pâtissiers et aubergistes de la ville d'Angoulesme,

De sable, à trois bandes d'argent.

270.

270.

50 l. — La communauté des chapeliers, bonnetiers et perruquiers de la ville d'Angoulesme,

D'or, à trois barres d'azur.

271.

271.

50 l. — La com^té des bouchers et marchands gresseurs de la ville d'Angoulesme,

D'or, à trois barres de gueules.

273.

273.

50 l. — La communauté des sergiers, tisserands, cordiers et passementiers de la ville d'Angoulesme,

D'or, à trois barres de sinople.

274.

274.

20 l. — Anne Sée, femme de N..... Desruaux, ecuier, s^r de Moussa et du Breuil,

D'or, à trois barres de sable.

275.

275.

50 l. — La com^té des menuisiers, charpentiers, charons et chesiers de la ville d'Angoulesme,

D'argent, à trois barres d'azur.

276.

50 l. — La com^té des chirurgiens de la ville d'Angoulesme,

276.

D'argent, à trois barres de gueules.

277.

50 l. — La communauté des orlogiers, orfèvres et pintiers de la ville d'Angoulesme,

277.

· D'argent, à trois barres de sinople.

278.

50 l. — La communauté des tailleurs d'habits et chaussetiers de la ville d'Angoulesme,

278.

D'argent, à trois barres de sable.

279.

20 l. — Charles DE LAJARE, seigneur des Bouviers et Lieutenant de la ville et chasteau d'Angoulesme,

279.

D'azur, à trois barres d'or.

280.

50 l. — La communauté des m^ds cordonniers de la ville d'Angoulesme,

280.

D'azur, à trois barres d'argent.

283.

50 l. — La communauté des M^ds de drap de la ville d'Angoulesme,

283.

De gueules, à trois barres d'or.

DE L'ETAT DU 25 JUIN 1700.

285.

50 l. — La communauté des maitres apothicaires de la ville d'Angoulesme,

285.

De gueules, à trois barres d'argent.

286.

50. l. — La communauté des maitres fondeurs, maréchaux, blanconniers et gantiers de la ville d'Angoulesme,

286.

De sinople, à trois barres d'or.

287.

20 l. — Jeanne LESCOURS, femme de N..... DANCHÉ, écuier, sr de Bessé,

287.

De sinople, à trois barres d'argent.

288.

50 l. — La communauté des avocats et médecins de la ville d'Angoulesme,

288.

De sable, à trois barres d'or.

289.

50 l. — La communauté des maitres serruriers, arquebusiers, fourbisseurs et coutelliers de la ville d'Angoulesme,

289.

De sable, à trois barres d'argent.

290.

50 l. — La communauté des march^{ds} quincailliers, vitriers, imprimeurs, confiseurs, et m^{ds} de sel de la ville d'Angoulesme,

290.

D'or, à trois chevrons d'azur.

291.

25 l. — Le couvent des religieuses Ursulines d'Angoulesme,

291.

D'or, à trois chevrons de gueules.

292.

20 l. — Anne DES RUAUX, veuve de feu N..... MORIN, cons^{er} au prés^{al} d'Angoulesme,

292.

D'or, à trois chevrons de sinople.

293.

20 l. — N..... DULAC, bourgeois de la ville d'Angoulesme,

293.

D'or, à trois chevrons de sable.

294.

20 l. — Pierre GRIAU, sieur de la Plante,

294.

D'argent, à trois chevrons d'azur.

296.

20 l. — Anne MONESSET, fille,

296.

D'argent, à trois chevrons de gueules.

297.

297.

20 l. — Daniel David, s^r des Vallées,

D'argent, à trois chevrons de sinople.

299.

299.

20 l. — Pierre Bouillon, bourg^s de la ville d'Angoulesme,

D'argent, à trois chevrons de sable.

300.

300.

20 l. — Louise Masson, veuve de Pascal Pandin, ecuier de Beauregard,

D'azur, à trois chevrons d'or.

301.

301.

20 l. — Jean Vaugaugoult, marchand de la ville d'Angoulesme,

D'azur, à trois chevrons d'argent.

303.

303.

20 l. — Louis Bourdin, bourg. d'Angoulesme,

De gueules, à trois chevrons d'or.

304.

304.

20 l. — Yves Toully, m^d bourgeois d'Angoulesme,

De gueules, à trois chevrons d'or.

305.

305.

20 l. — François Payé, m^d en la ville d'Angoulesme,

De sinople, à trois chevrons d'or.

306.

306.

20 l. — Philippe Audouin, m^d bourgeois d'Angoulesme,

De sinople, à trois chevrons d'argent.

307.

307.

20 l. — Jean Barrault, m^d à Angoulesme,

De sable, à trois chevrons d'or.

308.

308.

20 l. — Jean Barrault, cy^{dt} apoticaire,

De sable, à trois chevrons d'or.

309.

309.

20 l. — Pierre ANDRÉ père, marchand bourg. d'Angoulesme,

D'or, à un pal ondé d'azur.

310.

310.

20 l. — François BOISSONNET, mᵈ bourgeois d'Angoulesme,

D'or, à un pal ondé de gueules.

311.

311.

20 l. — Gabrielle de BOISSE-BRIANT, dᶜˡˡᵉ,

D'or, à un pal ondé de sinople.

312.

312.

20 l. — ..... DE BLANCHETEAU, vᵛᵉ,

D'or, à un pal ondé de sable.

315.

315.

50 l. — L'abbaye d'Enbour-nes,

D'argent, à un pal ondé d'azur.

316.

316.

20 l. — Jean Sarive DE PON-CHABERT, mᵈ bourgeois de la ville d'Angoulesme,

D'argent, à un pal ondé de gueules.

317.

317.

20 l. — Jeanne VINSONNAUL, veuve de N..... DAUPHIN LABAT-TUE, bourgeois de la ville d'Angoulesme,

D'argent, à un pal ondé de sinople.

318.

318.

20 l. — Jean CAZAUD, mᵈ en la ville d'Angoulesme,

D'argent, à un pal ondé de sable.

319.

319.

20 l. — François DE LA VERGNE, sieur de Rompy, avocat au parlᵗ,

D'azur, à un pal ondé d'or.

320.

320.

50 l. — Le corps des officiers du présᵃˡ d'Angoulesme,

D'azur, à un pal ondé d'argent.

321.

20 l. — Jacques MESSURAS, procureur au prés^{al} d'Angoulesme,

321.

De gueules, à un pal ondé d'or.

322.

20 l. — Hélie RONDELAC, procureur au prés^{al} d'Angoulesme,

322.

De gueules, à un pal ondé d'argent.

323.

20 l. — Pierre PEYNAT, procureur du prés^{al},

323.

De sinople, à un pal ondé d'or.

324.

20 l. — Jean SAOUL, procureur au prés^{al} d'Angoulesme,

324.

De sinople, à un pal ondé d'argent.

325.

20 l. — Pierre DE JARNAC, greff^r au prés^{al} d'Angoulesme,

325.

De sable, à un pal ondé d'or.

326.

20 l. — Pierre GAUVRY, s^r des Fosses, greff. au prés^{al} d'Angoulesme,

326.

De sable, à un pal ondé d'argent.

327.

20 l. — Jean DE DIEU, greff. au prés^{al} d'Angoulesme,

327.

D'or, à une fasse ondée d'azur.

328.

20 l. — Jean BARREAU, gr^{er} au prés^{al} d'Angoulesme,

328.

D'or, à une fasse ondée de gueules.

329.

20 l. — Jean DUTILLET, procu^r et lieutenant de milice en la ville d'Angoulesme,

329.

D'or, à une fasse ondée de sinople.

330.

20 l. — Jean DEXMIER DE LA GENERENNE, procureur au prés^{al} d'Angoulesme,

330.

D'or, à une fasse ondée de sable.

331.

20 l. — N... Dubois, lieutenant de la milice bourgeoise de la ville d'Angoulesme,

331.

D'argent, à une fasse ondée d'azur

333.

20 l. — Jean Maffran, échevin de la ville d'Angoulesme,

333.

D'argent, à une fasse ondée de gueules.

338.

20 l. — Philippe Souchier, avocat en p^t,

338.

D'argent, à une fasse ondée de sinople.

340.

50 l. — Daniel Tiullier, procureur au prés^{al} d'Angoulesme,

340.

D'argent, à une fasse ondée de sable.

341.

20 l. — Joseph Ollivier Robuste, avocat en parlement,

341.

D'azur, à une fasse ondée d'or.

342.

20 l. —Léonard Magnan, avocat et pair,

342.

D'azur, à une fasse ondée d'argent.

343.

20 l. — N... Girard, femme de N... Desforges, conseiller honoraire au prés^{al} d'Angoulême,

343.

De gueules, à une fasse ondée d'or.

344.

20 l. —Mathieu Souchier, conseiller du Roy, juge, sénéchal et maire perpétuel de la Rochefoucault,

344.

De gueules, à une fasse ondée d'argent.

347.

20 l. —Jean Vallette, procureur et Lieut^t de milice de la ville d'Angoulesme,

347.

De sinople, à une fasse ondée d'or.

348.

20 l. — Jean Respingez, M^d en la ville d'Angoulesme,

348.

De sinople, à une fasse ondée d'argent.

349.

20 l. — Jean Thiron, avocat en parlement,

De sable, à une fasse ondée d'or.

350.

20 l. — François Daviaud, procureur et pair de la ville d'Angoulesme,

De sable, à une fasse ondée d'argent.

351.

20 l. — Marguerite Gandilaud, veuve de N... de la Roche Andry,

D'or, à une bande ondée d'azur.

352.

20 l. — David Thoumier, maitre apoticaire en la ville d'Angoulesme,

D'or, à une bande ondée de gueules.

353.

20 l. — Jacques Gaultier, m^d en la ville d'Angoulesme,

D'or, à une bande ondée de sinople

354.

20 l. — Simon Tardieu, sieur des Mottes, cons^{er} pair,

D'or, à une bande ondée de sable.

355.

20 l. — Moïse du Mas, conseiller du Roy, receveur des décimes,

D'argent, à une bande ondée d'azur.

357.

20 l. — Jean Lafond, procu^r au prés^{al} d'Angoulesme,

D'argent, à une bande ondée de gueules.

358.

20 l. — Pierre Texier, procur^r au prés^{al} d'Angoulesme,

D'argent, à une bande ondée de sinople.

360.

20 l. — Claude Benoist, marchand en la ville d'Angoulesme,

D'argent, à une bande ondée de sable.

361.

20 l. — Jacques Emerie, curé de la paroisse de Dignat,

D'azur, à une bande ondée d'or.

362.

20 l. — Jean DE LA FOND, curé de la paroisse de Chavenat,

362.

D'azur, à une bande ondée d'azur.

363.

20 l. — Marie DE BAZIL, femme de N... DU MANNY,

363.

De gueules, à une bande ondée d'or.

364.

20 l. — Charles DE SAYE, juge de la Tourblanche,

364.

De gueules, à une bande ondée d'argent.

365.

201. — Charlotte LURAR, femme de Guy CHAPITEAU, écuier, sᵣ de Reymondiud,

365.

De sinople, à une bande ondée d'or.

366.

20 l. — N... DUNEGOND, sieur de Chabonne, bourgeois de la ville d'Angoulesme,

366.

De sinople, à une bande ondée d'argent.

367.

20 l. — N... DESCHAMPS, procureur au présᵃˡ dᵗ Angoulesme,

367.

De sable, à une bande ondée d'or.

368.

20 l. — N... DELAGUELLE, sénéchal d'Aubeterre,

368.

De sable, à une bande ondée d'argent.

369.

20 l. — Marie CLADIER, femme de N... LAURAVENNE de Monjuillac,

369.

D'or, à une bande ondée d'azur.

370.

20 l. — François DU RECLUS, prestre, curé de Tordac,

370.

D'or, à une bande ondée de gueules.

372.

20 l. — Jean LANDRY, curé de Fonquebrune,

372.

D'or, à une bande ondée de sinople.

373.

20 l. — Roche du Luc, curé de Chadurie,

D'or, à une bande ondée de sable.

374.

20 l. — Jacques Barault, écuier, s' de Beauregard,

D'argent, à une bande ondée d'azur.

375.

20 l. — Clément Roger, bourgeois de Saint-Aulay,

D'argent, à une barre ondée de gueules.

376.

20 l. — Mathieu Densart, bourgeois de Saint-Aulay,

D'argent, à une bande ondée de sinople.

377.

20 l. — Philippe Roger, bourgeois de Saint-Aulay,

D'argent, à une barre ondée de sable.

378.

20 l. — François de la Trople, écuier, chanoine de S¹ Pierre d'Angoulesme,

D'azur, à une barre ondée d'or.

379.

20 l. — Louis Angelly, chanoine de Saint-Pierre d'Angoulesme,

D'azur, à une barre ondée d'argent.

380.

20 l. — Jean Jacques Chause, s' de Mairgnac, capit^ne de quartier,

De gueules, à une barre ondée d'or.

381.

20 l. — N..... de Chenaux, D^e...,

De gueules, à une barre ondée d'argent.

382.

20 l. — Jeanne des Rozières, veuve de N...... seigneur de la Trigerie,

De sinople, à une barre ondée d'or.

383.

201. — Jacques JAMEN, prestre, écuier, chantre et chanoine de l'église cathédrale d'Angoulesme,

383.

De sinople, à une barre ondée d'argent.

384.

20 l. — André DENESMOND, écuier et archidiacre de l'église cathédrale d'Angoulesme,

384.

De sable, à une barre ondée d'or.

385.

20 l. — Marc BERTRAND, chanoine de l'église cathédrale de Saint-Pierre d'Angoulesme,

385.

De sable, à une barre ondée d'argent.

387.

20 l. — Jean DUMERGER, prestre chanoine de l'église cathédrale d'Angoulesme,

387.

D'or, à un chevron ondé d'azur.

388.

20 l. — Alexandre DE BONNEUIL, prestre chanoine de l'église cathédrale d'Angoulesme,

388.

D'or, à un chevron ondé de gueules.

389.

20 l. — François BODIN, prestre chanoine de l'église d'Angoulesme,

389.

D'or, à un chevron ondé de sinople.

390.

20 l. — Joseph DUVERDIER, docteur de Sorbonne et doyen de la cathédrale d'Angoulesme,

390.

D'or, à un chevron ondé de sable.

391.

20 l. — Jean GUILLOT, prestre chanoine de l'église cathédrale d'Angoulesme,

391.

D'argent, à un chevron ondé d'azur.

392 bis.

20 l. — François DU TEIL, écᵉʳ sieur de la Cour de Sᵗ-Christophle et N.... sa femme,

392 bis.

D'argent, à un chevron ondé de gueules *accolé* d'or, à un lion échiqueté d'azur et d'argent.

393.

20 l. — N....., curé d'Orgedeuil,

393.

D'argent, à un chevron ondé de sinople.

394.

20 l. —N.... curé de Prandac,

394.

D'argent, à un chevron ondé de sable.

395.

20 l. — N..... BERTHOMME, juge et maire de Mombron,

·395.

D'azur, à un chevron ondé d'or.

396.

20 l. — Louis LERIGET, pʳ d'office de Mombron,

396.

D'azur, à un chevron ondé d'argent.

397.

20 l. — François BARAULT, praticien à Montbron,

397.

De gueules, à un chevron ondé d'or.

398.

20 l. — François BONNERON père, apothicaire à Mombron,

398.

De gueules, à un chevron ondé d'argent.

399.

20 l. — Jean CLEMEND, notʳᵒ à Mombron,

399.

De sinople, à un chevron ondé d'or.

400.

20 l. — Pierre DES BŒUFS, curé et archiprestre de Chasseneuil,

400.

De sinople, à un chevron ondé d'argent.

401.

20 l. — Daniel MAYOU, prestre curé d'Agria,

401.

De sable, à un chevron ondé d'or.

SUIVANT L'ORDRE DU REGISTRE 2ᵉ

1.

20 l. — Jean BERNARD, curé de Rancongues,

1.

De sable, à un chevron ondé d'argent.

2.

20 l. — Jean Poitevin, curé de Saint-Sornin,

2.

D'or, à un chevron ondé d'azur.

3.

25 l. -- Le prieuré de Chavenac,

3.

D'or, à deux pals ondés de gueules.

5.

20 l.—Auvet Dargence, écuier, curé de St-Euras,

5.

D'or, à deux pals ondés de sinople.

6.

20 l. — N .... Morle, curé de Rouzede,

6.

D'or, à deux pals ondés de sable.

7.

20 l. — N..... Ruaux, prestre curé d'Ynrat,

7.

D'argent, à deux pals ondés d'azur.

8.

20 l. — N..... de la Loubière de la Garenne,

8.

D'argent, à deux pals ondés de gueules.

9.

20 l. — N..... Cadiot de Pontenier de Laudebert,

9.

D'argent, à deux pals ondés de sinople.

10.

20 l. — Pierre Rossignol, procureur au prés^al d'Angoulesme,

10.

D'argent, à deux pals ondés de sable.

11.

20 l. — Joseph Grand, écuier s. de Chazerot,

11.

D'azur, à deux pals ondés d'or.

12.

20 l. — Hélic Someraud, bourgeois de la Rochefoucault,

12.

D'azur, à deux pals ondés d'argent.

14.

20 l. — François Bazin, écuier s^r de Boulague,

14.

De gueules, à deux pals ondés d'or.

15.

20 l. — Jean Cousseau, prestre et curé de la parro. de Bunze,

De gueules, à deux pals ondés d'argent.

16.

20 l. — N..... Lauzel, prestre curé de Lussat,

De sinople, à deux pals ondés d'or.

17.

20 l. — Jean Voisin, prestre curé de Ste-Colombe,

De sinople, à deux pals ondés d'argent.

18.

25 l. — Le chapitre de Larochefoucault,

De sable, à deux pals ondés d'or.

19.

20 l. — Abraham Blanchard, notaire et procureur de Mombron,

De sable, à deux pals ondés d'argent.

20.

20 l. — François Rigaillaud, prestre et curé et archiprestre de St-Cieres,

D'or, à deux pals ondés d'azur.

22.

20 l. — N..... du Breuil de la Crouzardière,

D'or, à trois pals ondés de gueules.

26.

20 l. — Pierre Pasciac, avocat et bourg. de la Rochefoucault,

D'or, à trois pals ondés de sinople.

27.

20 l. — Jacques Radeau bourg. de la Rochefoucault,

D'or, à trois pals ondés de sable.

28.

20 l. — N..... de la Garosite, assesseur de la Rochefoucault,

D'argent, à trois pals ondés d'azur.

30.

20 l. — Pierre Cambois, marchand, bourgeois de la Rochefoucault,

D'argent, à trois pals ondés de gueules.

31.

20 l. — Abraham Saunier, bourgeois de la Rochefoucault,

D'argent, à trois pals ondés de sinople.

32.

20 l. — Joseph Fontaud, bourgeois de la Rochefoucault,

D'argent, à trois pals ondés de sable.

35.

20 l. — Jean Raymond, éc^{er} s. de la Chapelle,

D'azur, à trois pals ondés d'or.

36.

20 l. — N..... de Lanchere, D^c,

D'azur, à trois pals ondés d'argent.

37.

20 l. — N..... de St Michel-Bernard, d^o,

De gueules, à trois pals ondés d'or.

38.

20 l. — N..... de Fongrave, bourgeois d'Aubeterre,

De gueules, à trois pals ondés d'argent

39.

20 l. — N..... de Piperoux,

De sinople, à trois pals ondés d'or.

40.

20 l. N..... Boucheron, marchand à Aubeterre,

De sinople, à trois pals ondés d'argent.

41.

20 l. — N..... Boisset, maire d'Aubeterre,

De sable, à trois pals ondés d'or.

42.

20 l. — Jean Dexmier de Blanzac,

De sable, à trois pals ondés d'argent.

43.

20 l. — Geoffroy GIRARD, chanoine de St Pierre,

43.

D'or, à deux fasses ondées d'azur.

44.

20 l. — Jean HUGUET, prestre curé de Champagne,

44.

D'or, à deux fasses ondées de gueules.

45.

20 l. — Hélie DE MONJULIARD, prestre curé de Cérès,

45.

D'or, à deux fasses ondées de sinople.

46.

20 l. — Pierre LE GERAN, prestre curé de Vouzas,

46.

D'or, à deux fasses ondées de sable.

47.

20 l. — François Girardin DE LA FOND, bourg⁸ et mᵈ,

47.

D'argent, à deux faces ondées d'azur.

48.

20 l. — Arnaud VIARD, prestre curé de Plasac,

48.

D'argent, à deux fasses ondées de gueules.

49.

20 l. — Antoine VALLIER, pʳ à Angoulesme,

49.

D'argent, à deux fasses ondées de sinople.

50.

20 l. — Jean SALMOND, échevin de la ville d'Angoulesme,

50.

D'argent, à deux fasses ondées de sable.

51.

20 l. — Charles de GLENEST, écuᵉʳ sʳ de la Morenie,

51.

D'azur, à deux fasses ondées d'or.

52.

20 l. — Jacques BIRAUD, maire de Verteuil,

52.

D'azur, à deux fasses ondées d'argent.

53.

20 l. — N.... SERNOLLE, femme de Pierre RENOUARD,

De gueules, à deux fasses ondées d'or.

54.

20 l. — Pierre NIBOUST, prestre curé de Saint-Laurent de Belzagot,

De gueules, à deux fasses ondées d'argent.

55.

20 l. — Michel DUVERGER, prestre curé de Courgeat,

De sinople, à deux fasses ondées d'or.

56.

20 l. — Catherine CHITTON, femme de Philippes DE GORET, écuier, s^r de la Martinerie,

De sinople, à deux fasses ondées d'argent.

58.

20 l. — N... LARDILLÉ, veuve de N... ROBIN, écuier,

De sable, à deux fasses ondées d'or.

59.

20 l. — Pierre BOUCHERON, notaire roial à Salles-en-Valette,

De sable, à deux fasses ondées d'argent.

60.

20 l. — Pierre VIDAULT, sieur de Granchamps,

D'or, à deux bandes ondées d'argent.

61.

20 l. — René Lucas DE LIGNAUX, cy-devant fermier de Souvigny,

D'or, à deux bandes ondées de gueules.

62.

25 l. — Le Couvent des religieuses Ursulines de la ville de la Valette,

D'or, à deux bandes ondées de sinople.

63.

20 l. — François BOURSIER DE ROCHEMONT, capitaine de la Milice bourgeoise d'Angoulesme,

D'or, à deux bandes ondées de sable.

64.

20 l. — N... Morete, s^r de Pré, bourgeois de Cherné,

64.

D'argent, à deux bandes ondées d'azur.

67.

20 l. — Honoré de Lisle, prestre curé de Cireuil,

67.

D'argent, à deux bandes ondées de gueules.

68.

20 l. — Jean Piet, sieur de Bellefleur,

68.

D'argent, à deux bandes ondées de sinople.

69.

20 l. — Jean Geraud, juge sénéchal de Ruffac,

69.

D'argent, à deux bandes ondées de sable.

70.

20 l. — Daniel Messignat, s^r des Vallées,

70.

D'azur, à deux bandes ondées d'or.

71.

20 l. — Jean Leriget, avocat à Ruffac,

71.

D'azur, à deux bandes ondées d'argent.

72.

20 l. — N... Bonin, s^r de Beaupré,

72.

De gueules, à deux bandes ondées d'or.

73.

20 l. — N... Lafournière le jeune, bourgeois,

73.

De gueules, à deux bandes ondées d'argent.

74.

20 l. — Bernard du Vignaud, bourgeois de Ruffac,

74.

De sinople, à deux bandes ondées d'or.

75.

20 l. — Pierre de Montargis, s^r de la Grave,

75.

De sinople, à deux bandes ondées d'argent.

76.

20 l. — N... Jaubert, écuier, sieur de Walois et du Termes,

76.

De sable, à deux bandes ondées d'or.

77.

20 l. — René DE RAZE, sieur de Champmouton,

De sable, à deux bandes ondées d'argent.

79.

20 l. — Robert BILAUD, Pr fiscal de Nanteuil,

D'or, à deux barres ondées d'azur.

80.

20 l. — N... ROCHETTE père, bourgeois de Nanteuil,

D'or, à deux barres ondées de gueules.

82.

20 l. — Isaac LARDEAU, sr de Chaumont,

D'or, à deux barres ondées de sinople.

83.

20 l. — Pierre GILIBERT DU MAINEBRUN,

D'or, à deux barres ondées de sable.

84.

20 l. — Anne MERCIER, vve de N... BEAUREGARD,

D'argent, à deux barres ondées d'azur.

85.

20 l. — Jacquette GARNIER, ve de Jean GUY, écuier, sieur de Fevies de Fontaines,

D'argent, à deux barres ondées de gueules.

86.

20 l. — François DE LAJAC, prestre curé de Garat,

D'argent, à deux barres ondées de sinople.

88.

20 l. — Jean VERGERAU, prestre curé de Mornat,

D'argent, à deux barres ondées de sable.

89.

20 l. — Pierre NEBOUST, prestre curé de Saint-Laurent de Belzagot,

D'azur, à deux barres ondées d'or.

90.

20 l. — N... VILLAIN, md,

D'azur, à deux barres ondées d'argent.

91.

20 l. — Marie Grimaud de Ro-chebrune Villard,

De gueules, à deux barres ondées d'or.

92.

20 l. — Cristofle Joubert, av^{at} en parlement,

De gueules, à deux barres ondées d'argent.

95.

20 l. — Jean Brumault, maire de Ruffec,

De sinople, à deux barres ondées d'or

96.

25 l. — Le Prieuré de Beaulieu d'Angoulesme et Segonsac son annexe,

De sinople, à deux barres ondées d'argent.

97.

25 l. — Le Prieuré de Montbron,

De sable, à deux barres ondées de sable.

98.

20 l. — Jean Roche, prestre curé de Muzerolle,

De sable, à deux barres ondées d'argent.

99.

20 l. — Charles Delafond, prestre curé de Balzac,

D'or, à deux chevrons ondés d'or.

100.

25 l. — Le Prieuré de Vindelle,

D'or, à deux chevrons ondés de gueules.

101.

25 l. — Le Prieuré de St-André d'Angoulesme, et Saint-Pierre de Chuslen son annexe,

D'or, à deux chevrons ondés de sinople.

102.

20 l. — Philippe Benoist, s^r de Chastelard,

D'or, à deux chevrons ondés de sable.

103.

103.

20 l. — Elizé VARTAULT, sieur de Mouillac,

D'argent, à deux chevrons ondés d'azur.

105.

105.

20 l. — N... DE ROCQUELIER, femme de N... AVRIL DE ROCQUELIER,

D'argent, à deux chevrons ondés de gueules.

107.

107.

20 l. — Raymond TOUZELIER, av^at en parlement,

D'argent, à deux chevrons ondés de sinople.

109.

109.

20 l. — Elie BERTRAND, avocat en parlement,

D'argent, à deux chevrons ondés de sable.

111.

111.

50 l. — L'Abbaye de Cellefroin,

D'azur, à deux chevrons ondés d'or.

112.

112.

20 l. — Philippe PIGORNET, avocat en parlement,

D'azur, à deux chevrons ondés d'argent.

113.

113.

20 l. — N..., curé de Vilhonnette,

De gueules, à deux chevrons ondés d'or.

115.

115.

20 l. — Louis-Charles GEOFFROY, écuier, sieur des Bouchaux, chanoine de Saint-Pierre,

De gueules, à deux chevrons ondés d'argent.

116.

116.

20 l. — Pierre REIMPOUX, s^r de Masbord,

De sinople, à deux chevrons ondés d'or.

118.

118.

20 l. — N..., curé de Ruelle,

De sinople, à deux chevrons ondés d'argent.

119.

119.

25 l. — Le Couvent des Religieuses de la Visitation de la Rochefoucault,

De sable, à deux chevrons ondés d'or.

120.

20 l. — N... DE LA SÉCHÈRE, bourgeois de Chabanous,

De sable, à deux chevrons ondés d'argent.

121.

20 l. — Martial GUERRY DE ROUZEDEC,

D'or, à trois pals ondés d'azur.

122.

20 l. — N... DUMAS DE GORCES DE MUZAROLLES,

D'or, à trois pals ondés de gueules.

123.

20 l. — N..., curé de Marillac,

D'or, à trois pals ondés de sinople.

124.

20 l. — N... DE BEAUMOND, femme de N... PRÉVERAULT,

D'or, à trois pals ondés de sable.

125.

20 l. — Robert REGNAUD, écuier, sr de Boiselève,

D'argent, à trois pals ondés d'azur.

126.

20 l. — Jean DESCRAVAILLYS, écuier, sr de Bellat,

D'argent, à trois pals ondés de gueules.

127.

25 l. — Le Prieuré de Ruffé,

D'argent, à trois pals ondés de sinople.

TULLE

SUIVANT L'ORDRE DU REGISTRE 1er DE L'ÉTAT DU 27 FÉVRIER 1699

10.

20 l. — Jean-Joseph CHOLNY, conseiller honoraire ancien au présidial de Tulle,

D'argent, à trois pals ondés de sable.

23.   23.

20. 1. — Jean-Daniel Bros-   D'azur, à trois pals ondés d'or.
sard, sieur du Pont, conser au
présidial de Tulle,

41.   41.

50 1. — La ville de Meymac,   D'azur, à trois pals ondés d'argent

43.   43.

20 1. — Martin La Barre, sieur   De gueules, à trois pals ondés d'or.
de La Feuillade,

48.   48.

20 1. — Martial La Garde, avo-   De gueules, à trois pals ondés d'ar-
cat à Tulle,   gent.

49.   49.

20 1. — François de Monroux,   De sinople, à trois pals ondés d'or.
chevr, sgr de Reyniac,

55.   55.

20 1. — Ignace Darlac, écuier,   De sinople, à trois pals ondés d'ar-
seigneur de Gramont, conser du   gent.
Roy, vice-sénéchal du Bas-Li-
mousin, à Tulle,

56.   56.

20 1. — N... Seisac, sieur de   De sable, à trois pals ondés d'or.
Rochemont, bourgeois de Bort,

57.   57.

20 1. — N... Milange, bailly   De sable, à trois pals ondés d'argent.
de Bort,

58.   58.

20 1. — N... de Listemaille,   D'or, à trois fasses ondées d'azur.
avocat à Bort,

59.   59.

20 1. — Charles Chabamel,   D'or, à trois fasses ondées de gueules.
bourgeois de Bort,

60.

20 l. — N... DE MALSAIGNÉ, avocat à Bort,

D'or, à trois fasses ondées de sinople.

61.

50 l. — Le Chapitre de l'Eglise cathédrale de Tulle,

D'or, à trois fasses ondées de sable.

63.

20 l. — Louis-Marie DE SOUDEILLES, marquis dud. lieu, lieutenant du Roy en Limousin,

D'argent, à trois fasses ondées d'azur.

66.

20 l. — Henry-Gilbert DE BRACHET, seigneur, marquis de Lagorce,

D'argent, à trois fasses ondées de gueules.

71.

20 l. N... DE MONTLOUIS DU MANIL, s. de la Marcille,

D'argent, à trois fasses ondées de sinople.

73.

20 l. — Georges DU FAYET, bourgeois de la ville de Bort,

D'argent, à trois fasses ondées de sable.

84.

20 l. — Jean SOUILLIER, cons^{or} au prés^{al} de Tulle,

D'azur, à trois fasses ondées d'or.

85.

20 l. — N... LACHAUD, juge de Meymac,

D'azur, à trois fasses ondées d'argent.

92.

20 l. — Pierre-Antoine DUPUY DE SAINT-PERDOUX, prestre, curé de Meymac,

De gueules, à trois fasses ondées d'or.

93.

20 l. — Pierre-André CHASSAN, prevost de la conestablie de France, assesseur en la maréchaussée de Tulle,

De gueules, à trois fasses ondées d'argent.

94.

94.

20 l. — Jean MEYNARD, s. de Lafarge,

De sinople, à trois fasses ondées d'or.

95.

95.

20 l. — Pierre DELMAS, sieur de Gramont, procureur principal d'Ussel,

De sinople, à trois fasses ondées d'argent.

96.

96.

20 l. — François DUVAL, bourgeois de Tulle,

De sable, à trois fasses ondées d'or.

100.

100.

25. — Le Couvent des religieux bénédictins de Sᵗ-Angel,

De sable, à trois fasses ondées d'argent.

101.

101.

20 l. — Jean LANGLADE, sʳ de Vaux,

D'or, à trois bandes ondées d'azur.

104.

104.

20 l. — Jean DUBOIS, écuier, seigneur de Margende,

D'or, à trois bandes ondées de gueules.

105.

105.

20 l. — Gaspard DE LOZAL, prestre, curé d'Ussel,

D'or, à trois bandes ondées de sinople.

106.

106.

20 l. — Pierre-Léonard DE LA FAGERDYE, conseiller au présᵃˡ de Tulle,

D'or, à trois bandes ondées de sable.

111.

111.

20 l. — Martin DUMONT, juge de Courrèze,

D'argent, à trois bandes ondées d'azur.

112.

112.

50 l. — La ville de Neuvicq,

D'argent, à trois bandes ondées de gueules.

113.

113.

50 l. — La ville de Courreze,

D'argent, à trois bandes ondées de sinople.

114.

50 l. — La ville de Treignac,

D'argent, à trois bandes ondées de sable.

115.

50 l. — La ville de Bort,

D'azur, à trois bandes ondées d'or.

116.

20 l. — Pierre Chapellard, bourgeois et m^d de Treignac,

D'azur, à trois bandes ondées d'argent.

117.

50 l. — La ville de Ussel,

De gueules, à trois bandes ondées d'or.

118.

N^a. — Que cet article n'est ici tiré que p^r mention, attendu qu'il fait partie de l'art. 569 de l'Etat du.....

119.

20 l. — N... Dallet, médecin à Ussel,

De sinople, à trois bandes ondées d'or.

120.

20 l. — Joseph Defenis, médecin à Tulle,

De sinople, à trois bandes ondées d'argent.

DE L'ÉTAT DU 25 JUIN 1700.

140.

25 l. — Le Prieuré de La Fage,

De sable, à trois bandes ondées d'or.

150.

20 l. — N... DE VILLEMONTEIL, bourgeois de Liginiac,

De sable, à trois bandes ondées d'or.

151.

20 l. — N..., curé de Sainte-Marye, près Peyroux,

D'or, à trois bandes ondées d'azur. .

159.

159.

231. — Le Prieuré de Saint-Victour,

D'or, à trois barres ondées de gueules

168.

168.

501. — L'abbaye de Bonneigue,

D'or, à trois barres ondées de sinople.

200.

200.

25 1. — Le Prieuré de Couvrese,

D'or, à trois barres ondées de sable.

221.

221.

231. — Le Prieuré d'Antoy,

D'argent, à trois barres ondées d'azur.

235.

235.

25 1. — Le Prieuré d'Auriac,

D'argent, à trois barres ondées de gueules.

236.

236.

25 1. — Le Prieuré de Portdieu,

D'argent, à trois barres ondées de sinople.

258.

258.

25 1. — Le Prieuré de Cléjoux,

D'argent, à trois barres ondées de sable.

275.

275.

25 1. — Le Prieuré de Vedrennes,

D'azur, à trois barres ondées d'or.

286.

286.

251. — Le Prieuré de Ventadour,

D'azur, à trois barres ondées d'argent.

288.

288.

25 1. — Le Prieuré de Magontier,

De gueules, à trois barres ondées d'or.

296.

296.

. 25 1. — La Communauté des Procureurs de la ville d'Ussel,

De gueules, à trois barres ondées d'argent.

BRIVES

SUIVANT L'ORDRE DU REGISTRE 1er DE L'ÉTAT DU 27 FÉVRIER 1699.

1.

20 l. — N... DU SAILLAN,

De sinople, à trois barres ondées d'or.

3.

20 l. — N... VERTHAC, procureur du Roy à Brives,

De sinople, à trois barres ondées d'argent.

7.

20 l. — N... DE ROFFINIAC D'ALLASSAC,

De sable, à trois barres ondées d'or.

9.

20 l. — N... DU PRADET, seigneur de la Maze, conseiller du Roy, lieutenant gñal au siège séñal d'Uzerche,

De sable, à trois barres ondées d'argent.

14.

20 l. — N... DUPUY, du bourg de St-Hybards,

D'or, à une montagne de gueules et un chef d'azur, chargé d'un croissant d'argent, accosté de deux étoiles d'or.

15.

20 l. — N... DE BEAUVOIRE DE St-ROBERT,

D'or, à trois chevrons ondés d'azur.

17.

25 l. — Le corps des officiers de sénéchal d'Uzerches,

D'or, à trois chevrons ondés de gueules.

22.

25 l. — Le Couvent des Religieux de Dason,

D'or, à trois chevrons ondés de sinople.

24.

Nᵃ. — Cet article n'est ici tiré que pour mémoire, attendu que c'est un double employ de l'art. 16 de l'Etat du.....

26.

20 l. — Jean DE SAHUGUET, écuier, seigneur de la Roüyc,

26.

D'argent, à trois chevrons ondés d'azur.

27.

20 l. — N... DE LA RUE DU GRIF-FOULES,

27.

D'argent, à trois chevrons ondés de gueules.

28.

20 l. — N..., marquis DE SAINT-AULAIRE,

28.

D'argent, à trois chevrons ondés do sinople.

BOURGANEUF

SUIVANT L'ORDRE DU REGISTRE DE L'ÉTAT DU 27 FÉVRIER 1699.

12.

20 l. — N... DU CHASTENET, ecuier de la Chaux,

12.

D'argent, à trois chevrons ondés de sable.

24.

20 l. — N... DU FOUR, lieutenant de la justice ord^re de Bourganeuf,

24.

D'azur, à trois chevrons ondés d'or.

26.

20 l. — N... BELLEMYE, greffier de la justice ord^re de Bourganeuf,

26.

D'azur, à trois chevrons ondés d'argent.

28.

20 l. — Henry BORDES, bourg^s de Bourganeuf,

28.

De gueules, à trois chevrons ondés d'or.

30.

20 l. — N... LABORNE, juge de Peyrat,

30.

De gueules, à trois chevrons ondés d'argent.

32.

20 l. — Pierre LAURENT, bourgeois de la parroisse de St-Pardoux,

32.

De sinople, à trois chevrons ondés d'or.

<table>
<tr><td colspan="2">33.</td><td colspan="2">33.</td></tr>
</table>

25 l. — Le Couvent des Religieux du Palais,	De sinople, à trois chevrons ondés d'argent.

<table><tr><td>38.</td><td>38.</td></tr></table>

50 l. — La ville du Peyrat,	De sable, à trois chevrons ondés d'or.

<table><tr><td>39.</td><td>39.</td></tr></table>

50 l. — La ville de Bourganeuf,	De sable, à trois chevrons ondés d'argent.

Fait par nous à Paris, le vingt neuv^{ie} jour du mois de novembre, de l'an 1701. *Signé :* D'HOZIER.

RÉCAPITULATION

LIMOGES

Armoiries des personnes	170 à 20 l.	. . . .	3400 l.
Villes	7 à 50	. . . .	350
Corps	1 à	. . . .	50
Communautés	9 à 50	. . . . . .	450
Communautés	4 à 25	. . . .	100
Abbayes	2 à 50	. . . .	100
Chapitre	1 à	. . . .	25
Couvents	2 à 25	. . . .	50
Prieurés	2 à 25	. . . .	50

4575 l.

198 arm.	. . . .	4575 l.
Ci-contre 198 arm.	. . . .	4575 l.

ANGOULESME

Armoiries des personnes	194 à 20 l.	. . . .	3880 l.
Corps	1 à	. . . . . .	50
Communautés	17 à 50	. . . . . .	850
Abbayes	2 à 50	. . . .	100
Chapitre	1 à	. . . .	25
Couvents	4 à 25	. . . .	100
Prieurés	6 à 25	. . . .	150

5155 l.

TULLE

Personnes	32 à 20	. . . .	649	
Villes	6 à 50	. . . .	300	
Chapitre	1 à 50	. . . .	50	
Abbaye	1 à	. . . .	50	1340 l.
Communauté	1 à	. . . .	25	
Couvent	1 à	. . . .	25	
Prieurés	40 à 25	. . . .	250	

BRIVES

Personnes	9 à 20	. . . .	180 l.
	484 arm.	. . . .	11250 l.
de l'autre part	484 arm.	. . . .	11250 l.

SUITE DE BRIVES

Corps	1 à	. . . .	25	50 l.
Couvent	1 à	. . . .	25	

BOURGANEUF

Personnes	6 à 20	. . . .	120	
Villes	2 à 50	. . . .	100	245 l.
Couvent	1 à 25	. . . .	25	
	495 arm.	. . . .		11545 l.

Total : onze mil cinq cens quarante-cinq livres et les deux sols pour livre.

Présenté par ledit Vanier à Nosseign^{rs} les Commissaires généraux du conseil a ce qu'attendu qu'il n'a été fourni par les dénommés cy-dessus aucune figure ny explication d'armoiries et qui ont néantmoins payé les droits d'enregistrement d'icelles, il plaise à nosd. seigneurs leur en accorder en conformité de l'édit du mois de novembre 1696. Celles qu'ils jugeront à propos pour estre reçues et enregistrées à l'armorial général conformément au sd. Edit et arrests rendus en conséquence.

Fait à Paris le premier jour de juillet mil sept cens un.

Signé : ACCAULT ET DELARROC.

Les commissaires généraux députez par sa Majesté par arrests du conseil des 9 décembre 1696 et 29 janvier 1697 pour l'exécution de l'édit du mois de novembre précédent, sur le fait des armoiries.

Veu par nous l'État cy-dessus nostre ordonnance préparatoire du 25 novembre 1701, portant qu'il sera remis au s^r d'Hozier, cons^{er} du roy garde de l'armorial général pour donner son avis sur les armoiries qui pourront estre acordées aud. État l'avis dud. s^r d'Hozier du 29e jour de novembre 1701, ordonnance de soit montré du 1er décembre suivant conclusions du procureur général de la commission ouy le raport du s^r de Breteuil cons^r ordinaire du Roy en son conseil d'État l'un desd. commissaires.

Nous commissaires susd. en vertu du pouvoir à nous donné par sa majesté, conformément à l'avis du s^r d'Hozier ordonnons que les armes de chacun des dénommez dans l'État cy-dessus seront composées des pièces meubles et métaux portez par ledit avis en conséquence les avons receues et recevons pour estre enregistrées à l'armorial général ainsy qu'elles sont expliquées par led. avis et les brevets d'icelles délivrez conformément à l'édit du mois de novembre et arrests rendus en exécution à l'effet de quoy il sera remis au sieur d'Hozier une expédition de la présente ordonnance et les feuilles qui contiennent les noms et qualitez des dénommés aud. État fait en l'assemblée desd. s^{rs} Commissaires tenue à Paris le neuf décembre mil sept cent un.

. *Signé :* SENDRAS.

Nous soussg. intéressez au traitté des armoiries nommez par délib^{ion} de la compagnie du 29 août 1697, pour retirer les brevets desd. armoiries reconnaissons que mons. d'Hozier nous a cejourd'hui remis ceux mentionnez au pr^{nt}. État au nombre de quatre cent quatre-vingt-quinze armoiries. La finance pr^{alle} desq^{les} montant à onze mil cinq cens quarante-cinq livres. Promettons payer au Trésor royal conformément au traité que nous en avons fait avec sa Majesté.

Fait à Paris le 16 décembre 1701.

Signé : CARQUEVILLE.

Les feuillets 409, 410, 411 et 412 du manuscrit sont restés en blanc.

9 décembre 1701

—

GN¹⁴ DE LIMOGES

—

ANGOULESME

—

TULLE

—

BRIVES

—

AVAILLES

LIMOUSIN

159 arm. et 159 brevets
238 l. 10 s.

SUPLÉMENT

ÉTAT DES NOMS ET QUALITÉS

DES PERSONNES ET COMMUNAUTÉS DÉNOMMÉES CY-APRÈS QUI ONT PAYÉ LES DROITS D'ENREGISTRE-
MENT DES ARMOIRIES ÈS BUREAUX ÉTABLIS PAR M. ADRIEN VANIER CHARGÉ DE L'EXÉCUTION DE
L'ÉDIT DU MOIS DE NOVEMBRE 1696 ET QUI ONT NÉGLIGÉ DE FOURNIR LA FIGURE OU L'EX-
PLICATION DESD. ARMOIRIES.

GÑALITÉ DE LIMOGES

LIMOGES

SUIVANT L'ORDRE DU REGᵗ 1ᵉʳ.

Veu par nous Charles d'Hozier consʳ du Roy, généalogiste de sa
maison garde de l'armorial général de France et chⁱⁱᵉʳ de la Religion
et des ordres militaires de Sᵗ-Maurice et de Sᵗ-Lazare de Savoye,
le présent état de suplément d'armoiries et l'ordonnance donnée
en conséquence le vingt-cinquième jour du mois de novembre de
l'an 1701 par Messieurs les commissaires généraux du conseil à ce
députez, par laquelle il nous est enjoint de donner notre avis sur les
armoiries qui peuvent être accordées ou suplées à chacune des personnes et autres dénommez dans le présent état et dans les conclusions de monsʳ le pʳ gñal de lad. commission, au nombre de *cent
cinquante-neuf armoiries*, nous estimons que l'on peut leur régler et
dispenser en cette sorte lesd. armoiries ainsi qu'il suit :

543.

20 l. — N...., curé de Saint-Martial, près de Saint-Barbane,

De gueules, à un sautoir d'argent accompagné de quatre croissants d'or et un chef d'azur.

544.

20 l. — N... DE LA POUYADE, écuier,

D'or, à une main apaumée d'azur mise en pal.

545.

20 l. — N..., curé d'Auverdoux-Saint-Geneix,

D'or, à une croix mauffuse et alaizée de gueules.

546.

25 l. — La Communauté des Prestres de la ville de Dorat,

Ecartelé en sautoir de gueules et d'or, à une croix de l'un en l'autre.

547.

20 l. — N... COULSAUD, maire de la ville de Dorat,

Ecartelé en sautoir d'azur et d'or, à une croix de l'un en l'autre.

548.

20 l. — N... VACHERIE, châtelain du Dorat,

De sable, à une vache d'argent.

549.

20 l. — N... JUMEN, greffier de l'Ecritoire de la ville de Dorat,

Ecartelé en sautoir de sinople et d'or, à une croix de l'un en l'autre.

550.

20 l. — N... DE VANTAUX, veuve,

Ecartelé en sautoir de sable et d'or, à une croix de l'un en l'autre.

551.

20 l. — N..., curé de St-Sornin-La Marche,

Ecartelé en sautoir d'azur et d'argent, à une croix de l'un en l'autre.

552.

20 l. — Marcelle CIBOT, femme de N... MALEDAN, seigneur de la Borie, trésorier de France en la généralité de Limoges,

Ecartelé en sautoir de gueules et d'argent, à une croix de l'un en l'autre.

553.

20 l. — Anne DES COUTURES, femme de N... MALEDAN de Hardy, seigneur du Puytison,

553.

Ecartelé en sautoir de sinople et d'argent, à une croix de l'un en l'autre.

554.

25 l. — Le prieuré de Chasard,

554.

Ecartelé en sautoir de sable et d'argent, à une croix de l'un en l'autre.

555.

20 l. — N..., archiprestre de le Meyse,

555.

Ecartelé en sautoir d'or et d'azur, à une croix d'argent brochant sur le tout.

556.

20 l. — Charles GUILLAUME, écuier, président, trésorier de France au bureau des fincᵉˢ de la Généralité de Limoges,

556.

Ecartelé en sautoir d'or et d'azur, à une croix de gueules brochant sur le tout.

557.

20 l. — N... TEXANDIER, mᵈ,

557.

Ecartelé en sautoir d'or et d'argent, avec une croix de sinople brochant sur le tout.

558.

20 l. — N... FACRE, chanoine de Saint-Germain,

558.

Ecartelé en sautoir d'or et d'azur, à une croix de sable brochant sur le tout.

559.

20 l. —N... FAUCHER, chanoine de Sᵗ-Germain,

559.

Ecartelé en sautoir d'or et d'azur, à une croix de vair brochant sur le tout.

560.

20 l. — N... DE CHASTAGNAC, chevˡᵉʳ, seigʳ de Maléon, grand prévost de Limosin,

560.

Ecartelé en sautoir d'or et d'azur, à une croix d'hermine brochant sur le tout.

561.

20 l. — N... DU MAZET, écuier,

561.

Ecartelé en sautoir d'or et de gueules, à une croix d'argent brochant sur le tout.

562.

20 l. — N... DE FAYE, écuier,

562.

Parti d'or et d'azur, chapé de l'un en l'autre.

563.

20 l. — N... de Saint-Priet, veuve de N..., seigneur de St-Priet-Taurion,

563.

Parti d'or et de gueules, chapé de l'un en l'autre.

564.

20 l. — N... Daudinot, chanoine de Saint-Germain,

564.

Parti d'or et de sinople, chapé de l'un en l'autre.

565.

20 l. — N... Courteix, chanoine de St-Germain,

565.

Party d'or et de sable, chapé de l'un en l'autre.

566.

20 l. — N... Dubois, écuier,

566.

D'or, party de vair, chapé de l'un en l'autre.

567.

20 l. — N..., curé de St-Vic,

567.

D'or, parti d'hermine, chapé de l'un en l'autre.

568.

20 l.—N... de la Brousse, écuier

568.

D'argent, parti d'azur, chapé de l'un en l'autre.

569.

300 l. — La Province de Limosin.

569.

D'argent, party de gueules, chapé de l'un en l'autre.

ANGOULESME

SUIVANT L'ORDRE DU REGISTRE 2e

129.

20 l. — Fonnaraieu Poyault, bourgeois,

129.

D'argent, parti de sinople, chapé de l'un en l'autre.

130.

20 l. — N... Carai, médecin à Montbron,

130.

D'argent, parti de sable, chapé de l'un en l'autre.

131.

20 l. — N .., curé de Pissaux,

131.

D'argent, parti de vair, chapé de l'un en l'autre.

132.

20 l. — N... DE LA VALLÉE-POU-YAULT,

D'argent, parti d'hermine, chapé de l'un en l'autre.

133.

20 l. — N... LE RIVIERT-PAPIL-LON,

D'azur, à une rivière d'argent, mise en fasse, accompagnée en chef d'un papillon de même.

134.

20 l. — N... BILLAUD, bourgeois,

De sinople, semé de billettes d'or

135.

20 l. — Jacques CARMAGNAS,

D'or, à un mulet de gueules.

136.

20 l. — N... DESALÉE GUERRON, fermier du Breuil,

De sinople, à une morue d'argent.

137.

20 l. — Jean DUCLUZEAU, greffier des eaux et forests d'Angoumois,

D'argent, à un sautoir alaisé de sinople.

138.

20 l. — Pierre HÉRAULT, bourgeois de St-Anjaux,

D'or, à trois heaumes d'azur, 2 en chef et 1 en pointe, les deux de chef affrontés.

139.

20 l. — Pierre HORSON, sieur de Beauregard,

D'argent, à une fasse de sinople chargée de trois pals d'or.

140.

20 l. — N... MARTIN, procureur fiscal,

De sable, à un marteau d'or et un chef fuselé d'argent et de gueules.

141.

20 l. — N... LAMBERT, Dᵉ,

D'or, à une lampe d'azur.

142.

20 l. — N... DE FERNON, bourgeois de St-Cloud,

D'argent, à un chevron de gueules chargé de deux marteaux d'or.

143.

20 l. — Michel Martin, bourgeois,

Comme cyd¹ art. 140

144.

20 l. — N..... Tourettes,

D'or, à un chef componné d'or et d'azur.

145.

20 l. — N..... Gouvin, sʳ de Martinière,

D'or, à un chef componné de gueules.

146.

20 l. — Jean Barraud père,

D'or, à un chef componné de sinople.

147.

20 l. — Jean Barraud fils,

D'or, à un chef componné de sable.

148.

20 l. — Pierre Pradignat, sieur du Clos,

D'or, à un chef componné d'argent et d'azur.

149.

20 l. — Léonard Boissat, bourgˢ de Mazières,

D'or, à un chef componné d'argent et de gueules.

150.

20 l. — David Martin, du lieu du Pont-d'Agry,

D'or, à un chef componné d'argent et de sinople.

151.

20 l. — Louis de Villemandy, du lieu de Buzac,

D'or, à un chef componné d'argent et de sable.

152.

20 l. — N..... de Flamenat, du lieu de Branza,

D'argent, à un chef componné d'or et d'azur.

153.

20 l. — Henry Broussard, du lieu de Seuves,

D'argent, à un chef componné d'or et de gueules.

154.

20 l. — N..... Le Blanc, du lieu de Chaudclerie,

D'argent, à un chef componné d'or et de sinople.

155.

20 l. — N... Pradault le jeune, du lieu de la Rochefoucault,

D'argent, à un chef componné d'or et de sable.

156.

20 l. — N.... de Saunier, sʳ de Laurières,

D'argent, à un chef componné d'argent et d'azur.

157.

20 l. — Mathieu de Bergerie, du lieu de la Rochefoucault,

D'argent, à un chef componné d'argent et de gueules.

158.

20 l. — N..... Leriget-Pompeneau, du lieu de la Rochefoucault,

D'argent, à un chef componné d'argent et de sinople.

159.

20 l. — Jean Pol la Pradelle, du lieu de la Rochefoucault,

D'argent, à un chef componné d'argent et de sable.

160.

20 l. — N.... Goys, médecin au lieu de la Rochefoucault,

D'azur, à un chef componé d'or et d'azur.

161.

20 l. — Gilles de Laage, du lieu de la Rochefoucault,

D'azur, à un chef componné d'or et de gueules.

162.

20 l. — Jean Broussard, du lieu des Escures,

D'azur, à un chef componné d'or et de sinople.

163.

20 l. — N.... Desmoulins, receveur à Texé la Forest.

D'azur, à un chef componné d'or et de sable.

164.

20 l. — N..... POYAU, seigneur de la Tour-au-Villain,

D'azur, à un chef componné d'argent et d'azur.

165.

20 l. — N..... CONSTANT, fermier,

D'azur, à un chef componné d'argent et de gueules.

166.

20 l. — N..... DES ROCHERS DE RAFOUX,

D'azur, à un chef componné d'argent et de sinople.

167.

20 l. — N..... ROLLIÈRE-BROTTIER,

D'azur, à un chef componné d'argent et de sable.

168.

20 l. — Isac MARTIN, sieur de Saint-Agatte, bourgeois,

De gueules, à un chef componné d'or et d'azur.

169.

20 l. — N..... GOUMAIN, procureur fiscal de Salle,

De gueules, à un chef componné d'or et de gueules.

170.

20 l. — N..... GUILLAUMEAU, bourgeois de Nanteuil.

De gueules, à un chef componné d'or et de sinople.

171.

20 l. — Jean SIMON, m^d bourgeois,

De gueules, à un chef componné d'or et de sable.

172.

20 l. — Jean TOUCHARD, m^d,

De gueules, à un chef componné d'argent et d'azur.

173.

20 l. — LA MOTTE-JACQUET, marchand,

De gueules, à un chef componné d'argent et de gueules.

174.

20 l. — N.... MAURICE, fermier,

De gueules, à un chef componné d'argent et de sinople.

175.

20 l. — N..... Collet du Rou-
vigou,

De gueules, à un chef componné d'argent et de sable.

176.

20 l. — Guy Gauvry,

De sinople, à un chef componné d'argent et de gueules.

177.

20 l. — Jacques Regnard de
Cambois,

De sinople, à un chef componné d'or et
de gueules.

178.

20 l. — N.... La Barrière des
Rigalots,

De sinople, à un chef componné d'or et
de sinople.

179.

20 l. — N..... de la Chapelle,
de S.-Hillaire,

De sinople, à un chef componné d'or et
de sable.

180.

20 l. — N..... Dufort, gentilhomme.

De sinople, à un chef componné d'argent et d'azur.

181.

20 l. — Hélie de Levequot,
sieur des Chavrières,

De sinople, à un chef componné d'argent et de gueules.

182.

20 l. — N...., Moucheron, fermier et bourgeois,

De sinople, à un chef componné d'argent et de sinople.

183.

20 l. — François Lambert, juge
sénéchal de Montmoreau,

De sinople, à un chef componné d'argent
et de sable.

184.

20 l. — Claude de Villautray,
chanoine du chapitre de Blanzac,

De sable, à un chef componné d'or et
d'azur.

185.

20 l. — Hélie François Viaud,
chanoine du chapitre de Blanzac,

De sable, à un chef componné d'or et de
gueules.

186.

20 l. — Arthenice Rogron, chanoine du chapitre de Blanzac.

De sable, à un chef componné d'or et de sinople.

187.

20 l. — Marc Mesnard, marchand.

De sable, à un chef componné d'or et de sable.

188.

20 l. — Martin Testault, fermier,

De sable, à un chef componné d'argent et d'azur.

189.

20 l. — N... Gallyot, le jeune, lieutenant de la milice bourgeoise d'Angoulesme,

De sable, à un chef componné d'argent et de gueules.

190.

20 l. — N..., curé de Saint-Martin,

De sable, à un chef componné d'argent et de sinople.

191.

20 l. — N..., curé de Bouin,

De sable, à un chef componné d'argent et de sable.

192.

20 l. — N..., curé de Londigni,

D'hermine, à un chef componné d'or et d'azur.

193.

20 l. — Jeanne Dexmier, V⁰ de Jean Arnaud, écuier, seigneur de Boué et d'Emeré, l^t particulier d'Angoulesme,

D'hermine, à un chef componné d'or et de gueules.

194.

20 l. — Fleuranceau de Boisdeuil, cons^er du Roy en l'élection d'Angoulesme,

D'hermine, à un chef componné d'or et de sinople.

195.

20 l. — Vultault de Chabressey, cons^er du Roy en l'élection d'Angoulesme,

D'hermine, à un chef componné d'or et de sable.

196.

20 l. — N... GAULTIER, cons^{er} du Roy, en l'élection d'Angoulesme,

196.

D'hermine, à un chef componné d'argent et d'azur.

197.

20 l. — N... DUPUY, cons^{er} du Roy en l'élection d'Angoulesme,

197.

D'hermine, à un chef componné d'argent et de gueules.

198.

20 l. — N... MONGIN, cons^{er} du Roy en l'élection d'Angoulesme,

198.

D'hermine, à un chef componné d'argent et de sinople.

199.

20 l. — Thevet DE LA COMBE-DIEU, cons^{er} du Roy en l'élection d'Angoulesme,

199.

D'hermine, à un chef componné d'argent et de sable.

200.

20 l. — Jean DE SAUNIER, s. de Glory, avocat en parlement,

200.

De vair, à un chef componné d'or et d'azur.

201.

20 l. — N... DE NOZELLE, femme de Jacques DE LIVÈNE, escuier, seigneur de Grosbois,

201.

De vair, à un chef componné d'or et de gueules.

202.

20 l. — Pierre BAUSSANS DE LA COUR, bourgeois,

202.

De vair, à un chef componné d'or et de sinople.

203.

20 l. — N... POINSET,

203.

De vair, à un chef componné d'or et de sable.

204.

300 l. — La province d'Angoumois,

204.

De vair, à un chef componné d'argent et d'azur.

205.

50 l. — La ville de Aubeterre,

205.

De vair, à un chef componné d'argent et de gueules.

206.

50 l. — La ville de Montbron,

206.

De vair, à un chef componné d'argent et de sinople.

207.

50 l. — La ville de Ruffec,

De vair, à un chef componné d'argent et de sable.

208.

20 l. — N... DE LA GROIE, lieutenant de la maréchaussée d'Angoulesme,

De vair, à un chef componné d'argent et de sable.

209.

20 l. — Daniel GLADIER, greffier de la maréchaussée d'Angoulesme,

D'or, à une fasse componnée d'or et de gueules.

210.

20 l. — N... ANDRÉ, curé de Trois Pallis,

D'or, à une fasse componnée d'or et de sinople.

TULLE

SUIVANT L'ORDRE DU REGISTRE 1er

315.

20 l. — Pierre AUDUVERT, s. du Mont, bourgeois d'Auriac,

D'or, à une fasse componnée d'or et de sable.

316.

20 l. — Philippe DU PUY, écuier, seigneur de Mirambel,

D'or, à une fasse componnée d'argent et d'azur.

317.

20 l. — N..., curé d'Egurande,

D'or, à une fasse componnée d'argent et de gueules.

318.

20 l. — N... GLANES, bourgeois de Reillac,

D'or, à une fasse componnée d'argent et de sinople.

319.

20 l. — N... POMMIER, bourgeois de Reillac,

D'or, à une fasse componnée d'argent et de sable.

320.

30 l. — La Communauté des maîtres pâtissiers, hôtelliers et cabarctiers de la ville de Tulle,

320.

D'argent, à une fasse componnée d'argent et d'azur.

321.

20 l. — Léonard Bourguet, bourgeois de Saint-Clément,

321.

D'argent, à une fasse componnée d'argent et de gueules.

322.

20 l. — Jean Duclos, juge de la Gorsse,

322.

D'argent, à une fasse componnée d'argent et de sinople.

323.

20 l. — N... Durand, chantre de l'église cathédrale de Tulle,

323.

D'argent, à une fasse componnée d'argent et de sable.

324.

20 l. — N... Maynard cadet, chanoine de l'église cathédrale de Tulle,

324.

D'argent, à une fasse componnée d'argent et d'azur.

325.

20 l. — N... Albier, procureur d'office de Courrèze,

325.

D'argent à une fasse componnée d'argent et de gueules.

326.

50 l. — L'Evesché de Tulle,

326.

D'argent, à une fasse componnée d'argent et de sinople.

327.

50 l. — La Communauté des marchands orfèvres, potiers d'étain, chaudronniers, teinturiers et chapelliers de la ville de Tulle,

327.

D'argent, à une fasse componée d'argent et de sable.

328.

20 l. — François-Martial de Fenis, conseiller du Roy, président au présidial de Tulle, et grand prévost de l'église de la ditte ville,

328.

D'azur, à une fasse componnée d'or et d'azur.

329.

20 l. — Pierre TERRIOU, prestre curé de Soudeilles,

329.

D'azur, à une fasse componnée d'or et de gueules.

330.

20 l. — N... DESPREZ DE POMMEROL, cons^{er} au présidial de Tulle,

330.

D'azur, à une fasse componnée d'or et de sinople.

331.

20 l. — Jean PLASSE, cons^{er} au présidial de Tulle,

331.

D'azur, à une fasse componnée d'or et de sable.

332.

25 l. — Le couvent des religieuses de Sainte-Claire de Tulle,

332.

D'azur, à une fasse componnée d'or et de sable

333.

20 l. — N... PUYBERRE, veuve de N... ESPINASSE, assesseur de l'élection de Tulle,

333.

D'azur, à une fasse componnée d'argent et de gueules.

334.

20 l. — N... BROSSARD, doyen du chapitre de Tulle,

334.

D'azur, à une fasse componnée d'argent et de sinople.

335.

20 l. — N... DU BAL, chanoine du chapitre de Tulle,

335.

D'azur, à une fasse componnée d'argent et de sable.

336.

20 l. — N... DE LA RUE, théologal de l'église de Tulle,

336.

De gueules, à une fasse componnée d'or et d'azur.

337.

20 l. — Pierre DE FENIS, chanoine du chapitre de l'église de Tulle,

337.

De gueules, à une fasse componnée d'or et de gueules.

338.

20 l. — N... ESPINET, chanoine du chapitre de l'église de Tulle,

338.

De gueules, à une fasse componnée d'or et de sinople.

339.

20 l. — N... la Garde, chanoine du chapitre de l'église de Tulle,

De gueules, à une fasse componnée d'or et de sable.

340.

20 l. — N... de Fenis de la Borye, chanoine du chapitre de l'église de Tulle,

De gueules, à une fasse componnée d'argent et d'azur.

341.

20 l. — N... Dumont, chanoine du chapitre de l'église de Tulle,

De gueules, à une fasse componnée d'argent et de gueules.

342.

25 l. — Le Couvent des religieuses de Saint-Bernard de Tulle,

De gueules, à une fasse componnée d'argent et de sinople.

BRIVES

SUIVANT L'ORDRE DU REG^{re}

31.

20 l. — Bertrand Dolars, seigneur de la Vernouille,

De gueules, à une fasse componnée d'argent et de sable.

32.

25 l. — Le Couvent des religieux de Glavedières,

De sinople, à une fasse componnée d'or et d'azur.

33.

20 l. — N... Lastic, marquis de Saint-Jal,

De sinople, à une fasse componnée d'or et de gueules.

34.

20 l. — N... de Pasquet de St-Menin,

De sinople, à une fasse componnée d'or et de sinople.

35.

20 l. — N... Grenailles, lieutenant particulier à Uzerche.

De sinople, à une fasse componnée d'or et de sable.

36.

20 l. — N... Teyssier, assesseur au juge d'Uzerche,

36.

De sinople, à une fasse componnée
d'argent et d'azur.

37.

20 l. — N... Besse le jeune,
conseiller au siège d'Uzerche,

37.

De sinople, à une fasse componnée
d'argent et de gueules.

38.

20 l. — N... Guyon, cons\ser du
Roy au siège d'Uzerche,

38.

De sinople, à une fasse componnée
d'argent et de sinople

39.

20 l. —N... Cledat, cons\ser du
Roy au siège d'Uzerche,

39.

De sinople, à une fasse componnée
d'argent et de sable.

40.

20 l. — N... de Chabrinat, d\se,

40.

De sable, à une fasse componnée d'or
et d'azur.

41.

20 l. — Perche Duclaux, av\sat
à Allanac,

41.

De sable, à une fasse componnée d'or
et de gueules.

42.

50 l. — La ville de Douzenac,

42.

De sable, à une fasse componnée d'or
et de sinople.

43.

50 l. — La ville de Allassac,

43.

De sable, à une fasse componnée d'or
et de sable.

44.

25 l. — Le corps des officiers
de la ville d'Uzerche.

44.

De sable, à une fasse componnée d'argent et d'azur.

45.

20 l. — N... Lafarge, curé de
Chaumeils,

45.

De sable, à une fasse componnée d'argent et de gueules.

AVAILLES

1.

20 l. — N... DE CHAMBORAN, de,

1.

De sable, à une fasse componnée d'argent et de sinople.

2.

20 l. — N..., veuve de N... DE SINGAREAU,

2.

De sable, à une fasse componnée d'argent de sable.

3.

20 l. — N... DE LA BOURGEOISE,

3.

D'hermines, à une fasse componnée d'or et d'azur.

4.

20 l. — N... DE LA TRIBOISIÈRE,

4.

D'hermines, à une fasse componnée d'or et de gueules.

5.

20 l. — N... JOURDAIN, chevalier,

5.

D'hermines, à une fasse componnée d'or et de sinople.

6.

20 l. — N... DE LA MONDIE,

6.

D'hermines, à une fasse componnée d'or et de sable.

7.

20 l. — N... DE FONVALE,

7.

D'hermines, à une f.sse componnée d'argent et d'azur.

Fait par nous à Paris, le 29ᵉ jour de 9ʳᵉ de l'an 1701.

Signé : D'HOZIER.

LIMOGES

Armoiries des personnes 24 à 20 l.		480 l.	
De l'autre part 24 arm		480 l.	
Province	1		
Province	1 à 300	300	} 830 l.
Communauté	1 à 25	25	
Prieuré	1 à 25	25	

ANGOULESME

Armoiries des personnes	78 à 20 l.	1560 l.	⎫	
Province	1 à 300	300	⎬ 2010 l.	
Villes	3 à 50	150	⎭	

TULLE

Armoiries des personnes	23 à 20 l.	460 l.	⎫	
Evêché	1 à 30	30	⎬ 660 l.	
Communautés	2 à 50	100		
Couvents	2 à 25	50	⎭	

BRIVE

Armoiries des personnes	11 à 20 l.	220 l.	⎫ 320 l.
Villes	2 à 50	100	⎭

150 armoiries . . . . .   3820 l.

Ci-contre 150 armoiries . . . .   3820 l.

Suite de BRIVE

Corps	1 à 25 l.	25 l.	⎫ 50 l.
Couvent	1 à 25	25	⎭

AVAILLES

Armoiries des personnes	7 à 20 l. . . . . . . 140 l.

159 armoiries. . . . . .   4010 l.

Total : quatre mil dix livres et les 2ˢ pour livre.

PRÉSENTÉ par ledit Vanier à nosseign⁽ʳˢ⁾ les commissaires généraux du Conseil à ce qu'attendu qu'il n'a été fourni par les dénomés cy-dessus aucune figure ni explication d'armoiries, il plaise à nosd. seign. leur en accorder en conformité de l'Edit du mois de novembre 1696 pour estre ensuite receues et enregistrées à l'armorial général conformément aux d⁽ᵗˢ⁾ édit et arrests rendus en conséq⁽ᶜᵉ⁾, fait à Paris ce premier jour de juillet mil sept cens un.

Signé : ACCAULT *et* DE LARROC.

Les commissaires généraux députez par Sa Majesté par arrests du conseil des 4 décembre 1696, et 29 janvier 1697 pour l'exécution de

14

l'édit du mois de novembre précédent sur le fait des armoiries.

Veu par nous l'état cy-dessus, nostre ordonnance préparatoire du 25 novembre 1701, portant qu'il sera remis au s. d'Hozier, cons^er du Roy, garde de l'armorial général pour donner son avis sur les armoiries qui pourront estre accordées aux dénommez au dit Etat, l'avis dud^t s^r d'Hozier du 29 novembre 1701 ordonnance de soit montré du 1er décembre 1701, conclusions du Procureur général de la Commission, ouy le rapport du sieur de Breteuil, conseiller ordinaire du Roy en son conseil d'Etat, l'un desd. sieurs commissaires.

Nous commissaires susd. en vertu du pouvoir à nous donné par Sa Majesté, conformément à l'avis dud^t s^r d'Hozier ordonnons que les armes de chacun des dénommez dans l'état cy-dessus seront composées des pièces meubles et métaux portés par le dit avis en conséquence les avons receues et recevons pour estre enregistrées à l'armorial général ainsy qu'elles sont expliquées par led^t avis et les brevets d'icelles delivrez conformément à l'édit du mois de novembre et arrests rendues en exécution à l'effet de quoy il sera remis aud. s^r d'Hozier une expédition de la presente ordonnance et les feuilles qui contiennent les noms et qualitez des dénommez aud. état fait en l'assemblée desd. s^rs commissaires tenue à Paris, le neuf décembre mil sept cent un.

Signé : SENDRAS.

Nous souss. interressez au traitté des armoiries nommez par délib^ton de la Compagnie du 29 août 1697 pour retirer les brevets desd. arm. Reconnaissons q. monsieur d'Hozier nous a cejourd'hui remis ceux mentionnés au p̄ñt Etat, au nombre de cent cinquante-neuf armoiries.

La finance princip^alle desq^elles montant à *quatre mil dix livres* promettons payer au trésor royal, conformément au traitté q. nous en avons fait avec Sa Majesté.

Fait à Paris, le 16 décembre 1701.

Signé : CARQUEVILLE.

Les pages 448, 449, 450, 451, 452 du manuscrit sont restées en blanc.

SUPLÉMENT

ETAT DES NOMS ET QUALITEZ DES PERSOÑES

ET COMMUNAUTEZ DÉNOMMÉES CI-APRÈS QUI ONT PAIÉ LES DROITS D'ENREGISTREMENT DES ARMOI-
RIES ES BUREAUX ÉTABLIS PAR Mᵉ ADRIEN VANIER, CHARGÉ DE L'EXÉCUTION DE L'ÉDIT DU MOIS
DE NOVEMBRE 1696 ET DESQUELLES ARMOIRIES LA RÉCEPTION A ÉTÉ SURCISE PAR L'ÉTAT DU
25 JUILLET 1700, PARCE QU'ILS ONT NÉGLIGÉ DE FOURNIR LA FIGURE OU L'EXPLICATION DES
D. ARMOIRIES.

Veu le 8 février mil
sept cens un.

Bon.., SAUVIN.

GÑALITÉ DE LIMOGES
TULLE

SUIVANT L'ORDRE DU REGISTRE 1ᵉʳ

Vu par nous Charles d'Hozier, consʳ du Roy, généalogiste de sa maison, garde de l'armorial gñal de France et chevᵉʳ de la religion et des ordres militaires de Sᵗ Maurice et de Sᵗ Lazare de Savoye, le pñt état et l'ordonnance donnée le vingt unⁱᵉ janvier de l'année courante 1701, par messieurs les commissaires gñaux du Conseil à ce députés, par laquelle suivant les conclusions de M. le pʳ gñal de lad. commission, il nous est enjoint de donner notre avis sur la manière dont nous jugeons que l'on peut supléer aux déffauts et éclaircir les obscurités qui se trouvent dans l'explication des feuilles d'armoiries présentées par chacune des personnes dénommées dans le dit Etat, et qui sont au nombre de *cent trente six armoiries*, nous estimons que l'on peut supléer, éclaircir, disposer, et blasonner en cette sorte lesd. armoiries, ainsi qu'il s'ensuit, savoir :

129.

20 l. — N..., curé d'Egumont,

129.

D'or, à un chevron d'azur.

130.

20 l. — N..., curé de Sᵗ-Martial Orgimel,

130.

De gueules, à trois croisettes d'argent 2 et 1.

134.

20 l. — N... MATAIL, prestre curé de St-Ipoly,

De sinople à une fasse d'or.

135.

20 l. — N..., curé de Mareillac,

D'azur, à une croix patée d'argent chargée en cœur d'un cœur de gueules.

139.

20 l. — Jean GIMEZANE, prestre curé de St-Martial d'Entraigues,

D'or, à trois fasses ondées d'azur.

144.

20 l. — N... DE PANTADIS, avocat à Ussel,

D'azur, à un palmier d'or.

146.

20 l. — N..., curé de Lapleau,

D'argent, fretté d'azur, à un chef de gueules chargé de trois étoiles d'argent.

147.

20 l. — N..., curé de la Mazière,

D'argent, à un arbre arraché de sinople.

148.

20 l. — N..., curé de Neuvicq,

De sable, à un léopard d'argent.

152.

20 l. — N... DE LA VEYX, v^e de N... LA VEIX, écuier,

Vairé d'or et de gueules.

153.

20 l. — N... DE LA BACHELLIERRE, écuier, s^r de la Veix,

D'argent, à trois pins de sinople 2 et 1.

154.

20 l. — N..., curé de Roche-les-Peyroux,

D'azur, à une face d'or, chargée d'un cœur de gueules accosté de deux croissettes de même.

155.

20 l. — N... DANGLARD, f^e de N... DANGLARD, écuier,

D'argent, à une rose de gueules boutonnée d'or, pointée de sinople.

156.

201. — N..., curé de Margende,

De gueules, à une croix alaisée d'or, cantonnée de 4 étoiles de même.

156.

157.

201. — N..., curé de St-Juillien près Bort,

157.

D'or, à deux fasses ondées d'azur.

160.

201. — N..., curé de Sarroux,

160.

De sable, à trois croix au pied fiché d'or 2 et 1.

161.

201. — N... DE PIERREFITTE, femme de N... de PIERREFITE, écuier, fils,

161.

De gueules, à deux fasses d'or accompagnées de 8 molettes de même, posées en orle.

162.

201. — N..., curé de St-Bonnet le Portdrou,

162.

D'or à deux fasses de gueules accompagnées de six croisettes de même, trois en chef, 2 en fasse et 1 en pointe.

163.

201. — N..., curé de Saint-Fréjeou,

163.

D'azur, à trois chevrons d'argent.

165.

201. — N..., curé de Mestes,

165.

De gueules, à un aigle d'or.

166.

201. — N..., curé de Valiergues,

166.

D'or, à un lion de sable.

169.

201. — N..., curé de Darnets,

169.

De sable, à un chevron d'or.

170.

201. — N... ESPINET, juge de la paroisse de Combrosson,

170.

D'argent, à un rozier de sinople fleuri de gueules.

172.

201. — Etienne FARGE, prestre curé de Bonneson,

172.

D'argent, à un lion de gueules.

174.

201. — Jean DOLET, prestre curé de la Tronche,

174.

D'azur, à un massacre de cerf d'or, surmonté d'une croisette de même.

175.

20 l. — Juillien FAUGERON, avocat à Tulle,

175.

De sable, à une bande d'argent, char-
gés de 3 coquilles de gueules.

176.

20 l. — François BEAUFAY,
bourg. de Tulle,

176.

De sable, à un aigle de sable.

177.

20 l. — N... RABY, prestre
curé de Champagnac-le-Nouaille,

177.

De gueules, à un croissant d'argent,
accompagné de trois étoiles d'or, 2 en chef
et 1 en pointe.

178.

20 l. — N... PRADINAS, bourgeois de Meymac,

178.

De gueules, à trois fasses d'or.

179.

20 l. — Pierre DE LA CHASSAI-
GNE, s. de la Rivière,

179.

D'or, à trois pals de sable.

181.

20 l. — Jacques GRANDCHAMPS,
s. des Raux, bourgeois de Treignac,

181.

Fassé d'or et de gueules de huit pièces.

182.

20 l. — N... DE LAVIGNAC,
écuier, s. de Pierrefitte,

182.

De sable, à trois lions d'argent 2 et 1.

184.

20 l. — Antoinette LAMANEC,
avocat à Tulle,

184.

D'or, à un aigle de gueules.

185.

20 l. — Jean VEDRENNE, prestre
curé d'Eyrem,

185.

D'argent, à une bande de sable chargée
de trois croisettes d'or.

187.

20 l. — Jean-Baptiste GRAN-
CHAMPS, s. de Coirul, lieutenant
de la justice de Treignac,

187.

Fassé d'or et de gueules de huit pièces.

188.

20 l. — N... Brossard, archiprestre, curé de Aulouzac,

188.

De gueules, à trois fleurs de lis d'argent 2 et 1 et une bande d'or brochante sur le tout.

189.

20 l. — N... Maure, prestre, et vicaire et controleur des décimes au diocèse de Tulle,

189.

D'argent, à un chevron de gueules accompagné de trois testes de mores de sable.

190.

20 l. — Vincent Fraysse, bourgeois de Courrèze,

190.

D'azur, à un lion d'or, tenant en sa patte dextre une plante de fraisier de sinople, fruitée de gueules.

191.

20 l. — Charles Despradeaux, bourgeois de Treignac,

191.

D'azur, à une fasse d'argent chargée de trois trèfles de sinople.

192.

20 l. — Pierre Savaudin, bourgeois de Treignac,

192.

De gueules, à un chevron d'argent.

194.

20 l. — N... La Mothe, prestre curé de Treignac,

194.

D'or, à une montagne de sinople accostée de deux croisettes de gueules.

195.

20 l. — N... Moillac, prestre curé de St-Cirgues,

195.

D'argent, à un murier de sinople, fruitté de pourpre.

196.

20 l. — N..., femme de N..., marquis de Montagnac,

196.

Palé d'or et de gueules de huit pièces.

197.

20 l. — Etienne Degin, sieur des Mazeaux, bourg. de Treignac,

197.

D'azur, à un lion d'argent.

198.

20 l. — Jacques Boulonnois, bourgeois de Treignac,

198.

D'argent, à un aigle à deux testes de sable.

199.

20 l. — Jean DES COUX, s. de Monteil, bourg⁵ de Treignac,

De sinople à un lion d'or.

201.

25. — La Communauté des prestres de Treignac,

D'argent, à trois croix haussées de sable rangées sur une terrasse de même celle du milieu, plus haute que les deux autres.

204.

20 l. — N... DES COUX, prestre curé de St-Hilaire, les Courbiais,

De sinople, à un lion d'or.

205.

20 l. — François ANTILLAC, archiprestre à Orgimel,

D'argent, à trois pals d'azur.

206.

20 l. — Mathieu PINTIER, prestre curé de St-Saluë,

De gueules, à un calice d'or.

207.

20 l. — N... BORYE, prestre curé de Davignac,

D'argent, à une bande d'azur chargée de trois croisettes d'or.

208.

20 l. — N... SEMIENTY, juge de Florentin,

D'azur, à trois chevrons d'argent.

212.

20 l. — Jean VEYRAC, bourgeois de Saint-Bonnet le Pauvre,

Vairé.

213.

20 l. — Adrien CELLEOIS, juge de la Roche, habitant de St-Saluc,

De gueules, à trois quintefeuilles d'argent 2 et 1.

214.

20 l. — N... PANNE, greffier des rolles, et notaire à St-Geneix Omerle,

D'or, à un grifon de sable.

215.

20 l. — N..., femme de N... LANTHONNYE, écuier,

D'argent à six roses de gueules, 3, 2 et 1.

216.

20 l. — N... RICHOMME, greffier des rolles, et bourgeois de Ste-Fortunade,

D'argent, à un chevron d'azur chargé de cinq bezans d'or.

218.

20 l. — François DE LA FAGERYE, prestre curé de Bar,

D'azur, à trois palmes d'or 2 et 1.

219.

20 l. — Jean-Baptiste TRECH, prestre trésorier en l'église cathédrale de Tulle,

D'azur, à trois treffles d'or 2 et 1.

222.

20 l. — François MELON, prestre curé de la Garde,

D'azur, à trois melons d'or ouverts de gueules, 2 en chef et 1 en pointe.

227.

20 l. N... MARVE, prestre curé de St-Bonnetelvert,

D'azur, à une mer d'argent chargée d'un poisson de gueules.

228.

20 l. — N... DE RIOU DE QUESSAC, chevalier,

D'azur, à six macles d'argent 2, 2 et 1.

229.

20 l. — Antoine DE COMPTE, prestre chambrier en l'église de Tulle,

D'azur, à quinze bezans d'or posés 5, 5 et 5.

231.

20 l. — N... DUMON, médecin à Meimac,

D'argent, à une montagne de sinople accostée de 2 treffles de même.

232.

20 l. — N... TRECH DE LA FARGE, bourgeois de Meymac,

D'azur, à trois treffles d'or 2 et 1.

233.

20 l. — N... Guynot de la Fond, bourg. de la Besse,

De sable, à trois fasses ondées d'argent.

234.

20 l. — Peyronne Flancaud, vᵉ de N... Verdier, habitante de Stᵉ-Fortunade,

D'azur, à trois testes d'aigles arrachées d'argent, couronnées d'or 2 et 1.

238.

25 l. — Le Couvent des religieuses de Stᵉ-Ursulle de Tulle,

D'azur, à un lis au naturel mouvant d'une touffe d'épines.

239.

20 l. — Girard Fraysse, bourgeois de Pradines,

D'azur, à un lion d'or tenant en sa patte dextre une plante de fraisier de sinople, fruitée de gueules.

240.

25 l. — La Communauté des prestres de Meymac,

De gueules, à un calice d'or.

241.

25 l. — La Communauté des prestres d'Ussel,

D'or, à une croix haussée de sable.

242.

20 l. — François Bastiste, chirugien à Ussel,

D'azur, à une tour d'or.

243.

20 l. — N... de Longenalle, bourgeois d'Ussel,

De gueules, à deux chevrons d'or.

244.

20 l. — N... de Lespinasse, bourgeois de la Tomette,

D'azur, à cinq bezans d'or posez en sautoir.

245.

20 l. — N... la Chaud, prestre curé de Lignares,

D'argent, à un soleil de gueules.

246.

20 l. — N... du Breuil, bourg⁵ de Chavaroche,

246.

Lozangé d'or et de sable.

247.

20 l. — N... de Monnedior, prestre curé de Sanam,

247.

D'azur, à six besans d'argent posés 3, 2 et 1.

248.

20 l. — N... Fondron, prestre curé de Tarnac,

248.

D'argent, à trois fasses ondées d'azur.

249.

20 l. — N... George, avocat et bourg⁵ de Courrèze.

249.

D'azur, à une fasse d'or, accompagnée de trois fers de flèches d'argent.

252.

20 l. — Léonard des Machons, prestre curé de Rozières,

252.

D'argent, à une bande de gueules, chargée de trois croisettes d'argent.

253.

20 l. — N..., femme de Gabriel de Limoges,

253.

D'argent, fretté d'azur à un chef d'or.

254.

20 l. — N... Matault, lieutenant de Goulles,

254.

D'azur, à une tour d'or.

255.

20 l. — Jean-Joseph Farge de la Veyrière, médecin à Treignac,

255.

D'argent, à un lion de gueules.

256.

20 l. — Jacques Brunerye, bourgeois de St-Hilaire les Courbiais,

256.

De sable, à trois molettes d'argent 2 et 1.

257.

20 l. — N... Boyssade, bourgeois d'Eyrem,

257.

D'or, à un sautoir de gueules.

262.

20 l. — N... Lallot de la Vialle, bourgeois de Sexeles,

262.

Palé d'or et d'azur de 6 pièces.

263.

20 l. — N... PARJADIS, bourgeois de Sᵗ-Chamant,

263.

D'argent, à un aigle à deux testes de
gueules.

264.

20 l. — N..., femme de N...
CHOLNY, consᵉʳ à Tulle,

264.

D'argent, à trois treffles de sinople, 2
et 1.

265.

20 l. — N..., femme de François JARRIGE, consᵉʳ à Tulle,

265.

De gueules, à trois bezans d'argent 2
et 1.

266.

20 l. — N..., femme de N...
DARCHE, lᵗ criminel à Tulle,

266.

D'or, à trois quintefeuilles de gueules 2
et 1.

267.

20 l. — N..., femme de N...
DE CHABANNE, lᵗ gñal à Tulle,

267.

Fassé d'or et de gueules de six pièces.

268.

25 l. — Le Corps de la maréchaussée de Tulle,

268.

D'argent, à deux bâtons d'argent chargez de fleurs de lis sans nombre d'or,
passez en sautoir.

269.

20 l. — N..., femme de N...
DE CHADEPEAU, consᵉʳ honoraire
à Tulle,

269.

Lozangé d'argent et d'azur.

270.

20 l. — N..., femme de N...
RIVIÈRE, consᵉʳ à Tulle,

270.

D'argent, à une fasse d'azur chargée
de trois roses d'or.

271.

20 l. — N..., femme de N...
DE LA FAGERDIE, conseiller à Tulle,

271.

D'azur à un massacre de cerf d'or.

272.

40 l. — N... DE LA RUE, conseiller à Tulle, et N... sa femme.

272.

De gueules, à un chevron d'or accom-
compagné de trois croissants de même;
ACCOLÉ de sinople à trois losanges d'argent 2 et 1.

273.

20 l. — N..., femme de N... Espinet, avocat du Roy au prés^at de Tulle,

D'argent, à une rose de gueules boutonnée d'or, pointée et tigée et feuillée de sinople.

274.

20 l. — N... de St Priech de Lestrade, l^t en la maréchaussée,

D'argent, à un lion de gueules.

276.

20 l. — Jean de Gain de Pradines, bourgeois de Treignac,

D'or, à deux fasses de sable.

277.

20 l. — François Lafond de Masubert, bourgeois de Treignac,

D'or, à une fasse ondée d'argent.

278.

20 l. — N..., femme de N... de la Farge des Faux, écuier,

Fassé d'argent et de gueules de six pièces.

279.

25 l. — La Communauté des avocats et not^re de la ville de Treignac,

D'argent à un St Yves de Carnation, vêtu d'une robe de palais de sable, sa teste couverte d'un bonnet carré de même, tenant en sa main un sac de papiers d'or.

280.

25 l. — La Communauté de tous les artisans de la ville de Treignac,

D'azur, à un St Josef d'or, tenant en sa main dextre un lis au naturel.

282.

25 l. — La Communauté de tous les m^ds de la ville de Treignac,

D'azur, à un St Louis, Roy de France vêtu à la Royale d'or.

283.

25 l. — La Communauté des hosteliers et cabaretiers de la ville de Treignac,

D'argent, à trois barrils de sable cerclez d'or 2 et 1.

284.

25 l. — La Communauté des prestres de St-Pierre de Tulle,

284.

D'azur, à un calice d'or.

285.

40 l. — Etienne LA SELVE, conseiller au prés^al de Tulle et N..., sa femme,

285.

D'argent à un chevron d'azur accompagné de trois trèfles de sinople, accolé d'argent et une quintefeuille de gueules.

287.

20 l. — N... MEYNARD DE LA CHASSAIGNE, bourg^s de Courrèze,

287.

De gueules, à trois coquilles d'argent 2 et 1.

289.

25 l. — La Communauté des bourgeois de la ville d'Esglettons,

289.

D'azur, à trois chiens d'argent passant l'un sur l'autre.

290.

25 l. — La Communauté des artisans de la ville d'Esglettons,

290.

D'azur, à un St Joseph d'or tenant en sa main dextre un lis au naturel.

291.

25 l. — La Communauté des avocats procureurs et notaires de la ville de Neuvicq,

291.

D'or, à un St Yves de carnation vêtu d'une robe de Palais de sable, sa teste couverte d'un bonnet carré de même tenant en sa main dextre un papier plié d'argent et à la ceinture un sac de palais de même.

292.

25 l. — La Communauté des artisans de la ville de Neuvicq,

292.

De gueules, à un St Joseph d'or tenant en sa main dextre un lis au naturel.

293.

25 l. — La Communauté des marchands de la ville de Bort,

293.

D'azur, à un St Louis, Roy de France, vêtu à la Royale d'or.

294.

25 l. — La Com^té des hosteliers, cabaretiers et artisans de la ville de Bort,

294.

D'or, à une Notre-Dame de carnation, vêtue d'azur et de gueules.

295.

25 l. — La Com^{té} des av^{ats} et notaires de la ville d'Ussel,

295.

D'or, à un St Yves au naturel vêtu de sa robe de palais de sable.

297.

25 l. — La Communauté des m^{ds} fins, brossiers et clincailliers de la ville d'Ussel,

297.

D'azur, à une balance d'or, surmontée en chef d'une aune couchée d'argent et marquée de sable.

298.

25 l. — La Communauté des hostelliers, cabaretiers, patissiers, apoticaires, barbiers et perruquiers de la ville d'Ussel,

298.

De gueules, à une Notre-Dame d'argent.

299.

20 l. — N... Bonnot de Charlus, bourgeois d'Ussel,

299.

D'argent, à deux léopards de sable, l'un sur l'autre.

300.

20 l. — N... Boyer, bourgeois de la ville de Neuvicq,

300.

De gueules, à une rencontre de bœuf d'or.

301.

20 l. — N..., curé de St-Victour,

301.

D'azur, à une croix fleuronnée d'or.

302.

20 l. —Robert Lestable, bourgeois de St-Angel,

302.

D'or, à deux bandes d'azur.

303.

20 l. — N... Dupuy, bourgeois de Moussat,

303.

De sinople, à un puis d'or, massonné de sable.

304.

20 l. — N... du Breuil de Croizac, écuier,

304.

Losangé d'or et de sable.

305.

25 l. — La Communauté des avocats, p^{rs} et not^{res} de la ville de Meymac,

305.

D'argent, à un St Yves de carnation vêtu de sa robe de Palais de sable, tenant en sa main un papier plié d'argent.

306.

25 l. — La Communauté de tous les m^ds de la ville de Meymac,

D'azur, à un St Louis, Roy de France, vêtu à la Royale d'or.

307.

25 l. — La Communauté des hostelliers et artisans de la ville de Meymac,

De sinople, à une Notre Dame d'or.

308.

25 l. — La Communauté des prestres de la ville de Bort,

De gueules, à un calice d'or.

309.

20 l. — Pierre Sousvre, bourgeois de St-Paul,

D'or, à un chevron de gueules.

310.

20 l. — N..., femme de N... d'Ambrageac, écuier,

D'or, à un pal d'azur chargé de trois roses d'argent.

311.

50 l. — La Communauté des marchands épiciers, huilliers, chirurgiens, apoticaires, barbiers et perruquiers de la ville de Tulle,

D'argent, à une Notre Dame de carnation, vêtue d'azur et de gueules, et couronnée d'or.

312.

20 l. — N... Cellaris, prestre curé de Forzes,

De gueules, à trois bourdons d'argent 2 et 1.

313.

20 l. — N... Teillac, prestre curé de St-Geneyx-Omerle,

D'or, à un arbre de sinople sur une terrasse de même.

314.

20 l. — N..., femme de N... Marcillac de Chabannes, écuier.

Bandé d'or et de sable de six pièces.

Fait par nous, à Paris, le vingt-quatre jour du mois de janvier, de l'an 1701.

Signé : D'HOZIER.

RÉCAPITULATION

Armoiries des personnes	111	à	20 l.	. . . .	2220 l.
—	corps	1	à	50	. . . .	50
—	communauté	1	à	50	. . . .	50
—	communautés	21	à	25	. . . .	525
—	couvent	1	à	25	. . . .	25

| | 135 armoiries | . . . . | 2870 l. |

Total deux mil huit cens soixante-dix livres et les deux sols pour livre.

PRÉSENTÉ par Mᵉ Adrien Vanier à nosseigneurs les commissaires généraux du conseil à ce qu'attendu qu'il n'a été fourni par les denommers cy dessus aucune figure ni explication d'armoiries, et qui ont neantmoins payé les droits d'enregistrement d'icelles, il plaise à nosd. seigneurs leur en accorder en conformité de l'édit du mois de novembre 1696 telles qu'ils jugeront à propos, pour estre ensuite receues et enregistrées à l'armorial gñal conformem* ausd. édit et arrests rendus en conséquence, fait à Paris ce quinzième jour de novembre mil sept cent.

Signé : ALEXANDRE *et* DE LARROC.

LES COMMISSAIRES GÑAUX députez par arrests du consᵉˡ des 4 décembre 1697 pour l'exécution de l'Édit du mois de novembre précédent, sur le fait des armoiries.

Veu par nous l'Etat cy-dessus notre ordonnance préparatᵣᵉ du 21 du présent mois, portant qu'il sera remis au sieur d'Hozier, consᵉʳ du Roy, garde de l'armorial général pour donner son avis sur les armoiries qui pourront être accordées aux denommez audit état. L'avis du dit sieur d'Hozier, du 24 dudit mois, conclusions du procureur général de la Commission, ouy le raport du sieur de Breteuil, consᵉʳ d'Etat ordinaire, et intendant des finances l'un des dits sieurs commissaires.

Nous commissaires susdits, en vertu du pouvoir à nous donné par Sa Majesté, conformément à l'avis dudit sieur d'Hozier, ordonnons que les armes de chacun des denommez dans l'Estat cy-dessus, seront composées des pièces, meubles et métaux, portées par ledit avis.

En conséquence les avons receues et recevons pour être enregistrées à l'armorial gñal ainsi qu'elles sont expliquées par ledit avis, et les brevets d'ycelles dellivrez conformément à l'édit du mois de novembre et arrests rendus en exécution à l'effet de quoi il sera remis au dit sieur d'Hozier, une expédition de la présente ordonnance, les feuilles qui contiennent les noms et qualités des denommez audit Estat, fait en l'assemblée desdits sieurs commissaires, tenue à Paris, le vingt-huit janvier mil sept cents un.

Signé : SENDRAS.

Nous soussignez intéressez au traitté des armoiries nommez par delibération de la compagnie du 29 août 1697 pour retirer les brevets desd. armoiries reconnaissons que mons. d'Hozier nous a cejour-d'huy remis ceux mentionnez au pūt Etat au nombre de cent trente-cinq armoiries, la finance pñalle desquelles montant à deux mil huit cens soix^te dix livres prometons payer au trésor Royal, conformément au traitté que nous en avons fait avec Sa Majesté. Fait à Paris ce huit février 1701.

Signé : CARQUEVILLE.

Pour copie, certifiée conforme du Manuscrit Original de Charles d'Hozier, garde de l'Armorial Général de France, coté Vol. 16, N° 384 (Généralité de Limoges), conservé au Cabinet des Titres de la Bibliothèque Nationale.

Paris, le 30 Décembre 1894.

Le Secrétaire-Général du Collège Héraldique de France,

A. David de Saint-Georges.

M. J. MOREAU DE PRAVIEUX

Au moment où l'impression de cet ouvrage allait être terminée, M. J. Moreau de Pravieux est mort subitement, le 10 décembre dernier, dans la force de l'âge, et toute la plénitude de ses facultés intellectuelles. Depuis dix mois seulement, il avait succédé à M. le marquis de Magny, comme Directeur du Collège Héraldique de France et des Archives de la Noblesse.

Attiré par un goût irrésistible vers les études historiques et héraldiques, obéissant en quelque sorte à un atavisme héréditaire, il s'était récemment fait connaître, par la publication, en 1893, d'un ouvrage ayant pour titre : *Dijon à la fin du XVIIIᵉ siècle,* aussi remarquable par la correction du style que par le luxe de l'édition. On y trouve la reproduction des quarante-deux gouaches originales conservées dans sa famille, représentant les principaux édifices de cette ancienne ville qui méritait bien le nom qu'elle portait fièrement « D'ATHÈNES BOURGUIGNONNE » ; œuvre de Pierre-Joseph ANTOINE, son trisaïeul paternel, artiste de goût, savant d'un grand mérite, qui les peignait à la veille de la Révolution. M. Moreau venait à peine de quitter le barreau pour se consacrer tout entier à la direction des Archives de la Noblesse, où, depuis plus de cinquante ans, ont été réunis, à grands frais et avec patience, tous les parchemins et titres nobiliaires des familles, dispersés lors de la tourmente révolutionnaire, *seul* dépôt privé connu en France de chartes originales et de documents, épaves précieuses provenant des collections des célèbres généalogistes du siècle dernier, d'Hozier, Chevillard, Lacroix, la Chenaye-Desbois, Waroquier, Saint-Allais, etc.

Il se proposait de réorganiser sur de nouvelles bases le Collège Héraldique, d'imprimer aux affaires de son cabinet une orientation nouvelle, en un mot de le moderniser.

Je l'ai souvent entendu répéter, pendant ces quelques mois, qu'il se considérait, avant tout, comme le Conservateur des titres ou pièces inédites qu'il possédait sur les familles nobles de France et de l'étranger. Aussi n'hésitait-il jamais à sacrifier ses intérêts personnels au désir d'être utile ou agréable aux personnes qui s'adressaient à lui, dans le but de rentrer en possession des documents qui pouvaient les intéresser. Il caressait surtout le rêve d'attacher son nom à la publication complète de l'Armorial général de 1696, mais en respectant le texte intégral des manuscrits de Charles d'Hozier, conservés au Cabinet des Titres de la Bibliothèque Nationale.

C'eût été une œuvre importante, d'une utilité incontestable, destinée à faciliter les recherches et à éviter de longues pertes de temps aux intéressés. Quelques-uns avant lui l'avaient partiellement tenté, sans succès, mais j'ai la certitude qu'il aurait mené à bonne fin cette vaste entreprise, s'il en avait eu le temps, grâce à sa situation de fortune et à son énergique volonté.

Par suite de circonstances particulières, il avait débuté par le manuscrit de l'Armorial, concernant la Généralité de Limoges, et m'avait associé d'une façon intime à ses travaux. Paris devait venir ensuite et comprendre plusieurs volumes. L'œuvre à peine ébauchée va rester suspendue, je souhaite que d'autres puissent l'achever.

Et voilà que la mort est venue brutalement surprendre ce jeune homme, au milieu de ses projets d'avenir, l'enlever d'une façon soudaine à l'amour d'une mère dont il était le fils unique, à l'affection des membres de sa nombreuse famille, à ses amis dont il possédait toutes les sympathies, enfin à ses clients, qui avaient pu apprécier déjà l'affabilité de ses rapports, et surtout la loyauté de son caractère.

A. D. DE S^t-G.

Paris, 30 décembre 1894.

NOMS

FIEFS, DOMAINES, ABBAYES, COUVENTS, COMMUNAUTÉS, ETC.

DE LA GÉNÉRALITÉ DE LIMOGES

TABLE GÉNÉRALE

DES NOMS DE FAMILLE ET DE VILLES

CONTENUS DANS

L'ARMORIAL DE LA GÉNÉRALITÉ DE LIMOGES

La première colonne de cette table renvoie pour chaque nom aux pages du présent volume ; la seconde indique où chacun d'eux se trouve dans le manuscrit des enregistrements de d'Hozier ; la troisième colonne se rapporte enfin au manuscrit des blasons coloriés de l'Armorial du Limousin, conservé au Cabinet des Titres de la *Bibliothèque nationale*.

Griau.	162	354	162.
Grimaud	179	385	229.
Groslon	99	233	64.
Groye (la)	203	433	—
Guelle (la)	168	365	188.
Guerin	147	323	112.
Guerrou	196	420	256.
Guery	181	389	248.
Guetout	148	324	115.
Guez	20.	51	35.
Guibert	146	321	108.
Guillaume	194	416	250.
Guillaumeau	199	426	267.
Guillemet	59.	144	169.
Guillemot	146	320	107.
Guillot	170	370	196.
Guindre	156	341	—
Guingan	47, 56	115, 137	173, 254.
Guinot	218	466	—
Guittard	28, 31, 93	69, 76, 218, 219	26, 31, 57.
Guitton	22.	55.	20.
Guy	16, 27, 74, 178	42, 66, 176, 384	24, 265.
Guymard	35.	83.	289.
Guyon	207	441	288.
Guyot	38, 62	89, 150	165, 301.
Hauteclair	117	271	47.
Hautefort	71.	168	299.
Hérault	196	421	256.
Hermine (Sainte-)	16, 17, 96, 99..	43, 44, 226, 232	34, 64, 265.
Hermite (l')	82.	192	198.
Hervy	147	323	112.
Horson	196	421	256.
Hugon	48, 74	119, 175	176, 227.
Huguet	175	377	207.
Jambes.	32	77.	30.
Jamin	19, 170	49, 368	192.
Jarnac	165	369	177.
Jarige	67, 220	160, 470	186, 301.
Jary	158	346	—
Jaubert	66, 159, 177.	156, 346, 382	151, 201.
Jaucen	67.	158	109.
Jay	24, 29	60, 71.	22, 28.
Jean-Ligoure (N., Curé de Saint-).	152	332	—
Jonière (la)	63, 65.	151, 154.	209, 216.
Joubert	39, 101, 179.	92, 238, 385	67, 137, 222.
Joumart	133	297	—
Jourdain	208.	443	292.
Jousselin	62	149	144.
Joussineau	60.	143	20.
Judault	157	343	147.
Juge	63	152	159.
Juillien-près-Bort (N., Curé de Saint-)	212	456	—
Julien	119	273	51.
Julien (Saint-)	81.	189	197.
Jumilhac	1.	4	229.
Jumen	193	145	245.
Junien (Saint-), ville.	43.	107	—
Junien (N., Chanoine de Saint-)	145	319	—
Junien-les-Combes (N., Curé de Saint-)	150	329	—
Juzé	73.	172	231.

17*

Saute.	46.	113	—
Sauzet.	64, 145	153, 318	104, 167.
Savaudin	51.	126	19.
Sauzillon	215	461	—
Saye (de).	168	364	—
Sechere (la)	181	289	228.
Sée.	160	349	154.
Segou.	10, 154	21, 336	10, 132.
Séguret.	3	6	219.
Semienti	216	463	—
Senamant.	53.	131	145.
Selve (la).	222	474	—
Sermenty.	107	250	75
Sernolle	176	379	210.
Serve.	106	248	73.
Seugniac	104	244	71.
Seysse	131	294	87.
Seyzac	182	392	232.
Simon	145, 199.	318, 426.	103, 267.
Singaraut	151, 208.	33, 442	123, 293.
Sommerzut	172	373	202.
Sornin la-Marche (N., Curé de Saint-)	193	425	—
Sory (de).	122	276	54.
Souchet (du)	23, 25, 29, 37.	57, 61, 70, 71, 87	21, 23, 27, 273, 289.
Souchier	166	360, 361.	179, 181.
Soudeille	183	393	233.
Sougrenon (de)	118	272	48.
Souillier	183	394	234.
Souloite	78.	172	215.
Soutre	224	479	—
Souteraine, (ville)	157	344	—
Sudrie (la)	53	129	—
Talleran	133	297	90.
Tamoinault	150	329	122.
Tandault	153	335	131.
Tardieu.	167	363	182.
Tardivet	127	288	79.
Tardy.	57.	138	139.
Tarnat	65.	154	—
Tauriac.	72.	170	120.
Teil (du).	170	370	196.
Teillac	224	480	—
Tenet	100	235	65.
Terasson	116	269	44.
Terriou	75, 108, 205	177, 251, 252.	75, 76, 228, 282.
Tessier.	66, 67, 153, 207	157, 158, 333, 440	171, 215, 287.
Testart	2	2	—
Testault	201	429	272.
Texandier	111, 146, 194	257, 321, 417	108, 250, 294.
Texier	167	363	184.
Texières.	50.	123	19.
Thevenin.	44, 117.	110, 269.	12, 45.
Thibaut	28, 35, 36	69, 84, 85	27, 38.
Thiron	167	362	180.
Thomas	23, 27, 28, 33, 117.	54, 65, 79, 270.	33, 46, 290, 292.
Thoumier	167	362	181.
Tiebeson	78.	182	183.
Tillet (du)	165	359	178.
Tizon.	31	75.	31.
Touchard	199	426	267.
Touche (la)	137	302	92.
Toully	163	355	164.
Tour (la)	50	124	114.
Tour (du)	148, 149.	324, 325	116, 181.

Villars-la-Brosse. . .	121	275	53.
Villautrey.	11, 91, 93, 200 .	45, 216, 219, 428	15, 55, 57, 271.
Villebois	65.	155	219.
Villedon	22, 38	56, 90	40, 277.
Villefavars	58.	140	261.
Villemandie.	99, 197. . . .	234, 423. . . .	64, 259.
Villemonteil	185	398	239.
Vimichal (1)	1	1	229.
Vincent.	3.	5	157.
Vinsonnaul	164	357	—
Viroleau	30.	74.	278.
Vivier	100	236	—
Voisin	173	374	203.
Voluire.	34, 132 . . .	82, 295	13.
Yreix (Saint-), (ville) .	155	339	—

ERRATA

Page	10,	au lieu de	Segoud	lire	Segond
—	15,	—	Chevade	—	Chérade
—	19,	—	Birot	—	Biroc
—	20,	—	Vhilloux	—	Chilloux
—	21,	—	Mauny	—	Manny
— 26 et 34,		—	Gaudilaud	—	Gandilaud
—	34,	—	Volvire	—	Voluire
—	46,	—	Pont	—	Pouthe
—	47,	—	Guigan	—	Guingan
—	50,	—	Champolimard	--	Champolinaut
—	51,	—	Sendillon	—	Sauzillon
— 51 et 53,		—	Vanières	—	Navières
—	52.	—	Pitiot	—	Pétiot
—	53,	—	Senamaud	—	Senamand
—	55,	—	Rossignac	—	Roffignac
—	56,	—	Grezennet	—	Creuzennet
—	57,	—	Madelan	—	Maledan
—	60,	—	Pichaud	—	Pichard
—	60,	—	Jorimaud	—	Josinaud
—	61,	—	Ponte	—	Poute
—	62,	—	Joubelin	—	Jousselin
—	62,	—	Vᵉ de Bermondet	—	Bermondet, vᵉ de...
—	63,	—	Bazon	—	Bazin
—	67,	—	Jancen	—	Jaucen
—	67,	—	Fayerdie	—	Fagerdie
—	73,	—	Lauthonnye	—	Lanthonnye
—	75,	—	Terrion	—	Terriou
—	75,	—	Gams	—	Gains
—	150,	—	Voyon	—	Noyon
—	166,	—	Tiullier	—	Tuillier
—	224,	—	Sousvre	—	Soustre

(1) Le manuscrit de d'Hozier porte par erreur Vimichal ; c'est Jumilhac, qu'il faut lire.

DIJON. — IMPRIMERIE DARANTIERE

www.ingramcontent.com/pod-product-compliance
Lightning Source LLC
Chambersburg PA
CBHW070805270326

41927CB00010B/2308